Cuisiner Vegan 2023
Des recettes savoureuses pour une vie saine et éthique

Camille Martin

Droits d'auteur 2023

Tous les droits sont réservés

Tous les droits sont réservés. Aucune partie de ce livre ne peut être reproduite ou transmise sous quelque forme ou par quelque moyen que ce soit, électronique ou mécanique, y compris la photocopie, l'enregistrement ou par tout système de stockage et de récupération d'informations, sans l'autorisation écrite de l'éditeur, sauf en bref. citations dans une revue.

Avertissement-Avis de non-responsabilité

Les informations contenues dans ce livre sont destinées à être aussi précises que possible. L'auteur et l'éditeur ne peuvent être tenus responsables envers quiconque de toute perte ou dommage causé, ou soupçonné d'être causé, directement ou indirectement par les informations contenues dans ce livre.

Table des matières

Biscuits à l'ancienne.. 11

Tarte à la crème de noix de coco 13

Bonbons au chocolat faciles.. 15

Soupe hivernale épicée au farro 17

Salade de poulet arc-en-ciel.. 19

Salade de lentilles à la méditerranéenne............................... 21

Salade d'asperges rôties et avocat... 23

Salade crémeuse de haricots verts aux pignons de pin....... 25

Soupe de haricots cannellini au chou frisé........................... 27

. Crème onctueuse aux champignons.................................. 28

Salade panzanella italienne authentique............................... 31

Salade de quinoa et haricots noirs 33

Salade riche de boulgour aux herbes 35

Salade classique de poivrons rôtis 39

Bonne soupe de quinoa d'hiver 41

salade de lentilles vertes... 43

. Potage à la courge poivrée, pois chiches et couscous 45

. Soupe aux choux avec crostini à l'ail 47

Soupe aux haricots verts	50
Soupe à l'oignon traditionnelle française	52
. soupe de carottes rôties	54
Salade de pâtes italiennes aux penne	56
Salade Indienne Chana Chaat	58
Salade de nouilles au tempeh à la thaïlandaise	60
Crème de brocoli classique	62
Salade marocaine aux lentilles et aux raisins secs	64
Salade d'asperges et de poulet	66
Salade de haricots verts à l'ancienne	69
Soupe aux pois d'hiver	71
Soupe italienne aux champignons Cremini	73
Crème de pommes de terre aux herbes	76
Salade de quinoa et avocat	78
Salade de taboulé au tofu	80
Salade de pâtes du jardin	82
bortsch ukrainien traditionnel	85
salade de lentilles beluga	88
Salade Naan Indienne	90
Salade de poivrons grillés à la grecque	92
Soupe aux haricots et pommes de terre	95
Salade de quinoa d'hiver aux cornichons	97

Soupe aux champignons sauvages rôtis 100

Soupe aux haricots verts à la méditerranéenne 102

Crème de carotte 104

Salade de pizza italienne de Nonna 107

Soupe crémeuse aux légumes dorés 109

Rajma Dal indien traditionnel 112

salade de haricots rouges 114

Ragoût de haricots et de légumes Anasazi 116

Shakshuka facile et bon 119

piment à l'ancienne 121

Salade de lentilles rouges facile 124

Salade de pois chiches à la méditerranéenne 126

Ragoût de haricots toscan traditionnel (Ribollita) 129

Un mélange de légumes et de lentilles beluga 131

Bols à tacos mexicains aux pois chiches 133

Indien Dal Makhani 135

Casserole de haricots à la mexicaine 137

minestrone italien classique 139

Ragoût de lentilles vertes aux légumes verts 141

Mélange de légumes aux pois chiches 143

sauce aux haricots épicée 145

Salade de soja chinoise 147

Lentilles à l'ancienne et bouillon de légumes	150
Chana masala indienne	152
pâté de haricots rouges	154
un bol de lentilles brunes	156
Soupe aux haricots Anasazi piquante et épicée	158
Salade aux yeux noirs (Ñebbe)	160
La renommée de Chili Mom	162
Salade de haricots au poulet aux pignons de pin	164
Buddha bol de haricots noirs	166
Bona au poulet du Moyen-Orient	168
Trempette aux lentilles et tomates	170
Salade crémeuse aux petits pois	172
Houmous Za'atar du Moyen-Orient	175
Salade de lentilles aux pignons de pin	177
Salade de haricots anasazis chauds	179
Ragoût traditionnel de Mnazaleh	181
Crème de poivron aux lentilles rouges	183
Haricots mange-tout épicés frits au wok	185
chili rapide tous les jours	187
Salade de crème de pois aux yeux noirs	190
Avocat farci aux pois chiches	192
Soupe de haricots noirs	194

Salade de lentilles beluga aux herbes 198

Salade de haricots à l'italienne 201

Tomates farcies aux haricots blancs 203

Soupe aux pois d'hiver aux yeux noirs 205

boulettes de haricots rouges 207

Burgers de pois maison 209

Ragoût de haricots noirs et épinards 211

Le meilleur granola au chocolat de tous les temps 214

Biscuits barbecue à la citrouille d'automne 216

Biscuits à l'ancienne

(Prêt en 45 minutes environ | Pour 12 personnes)

Par portion : Calories : 167 ; Matières grasses : 8,6 g ; Glucides : 19,6 g ; Protéines : 2,7 g

matière première

1 tasse de farine tout usage

1 cuillère à café de levure chimique

Une pincée de sel

Une pincée de muscade râpée

1/2 cuillère à café de cannelle moulue

1/4 cuillère à café de cardamome moulue

1/2 tasse de beurre d'arachide

2 cuillères à soupe d'huile de noix de coco, température ambiante

2 cuillères à soupe de lait d'amande

1/2 tasse de cassonade

1 cuillère à café d'extrait de vanille

1 tasse de pépites de chocolat végétalien

Instructions

Mélanger la farine, la levure chimique et les épices dans un bol à mélanger.

Dans un autre bol, mélanger le beurre d'arachide, l'huile de noix de coco, le lait d'amande, le sucre et la vanille. Incorporer le mélange humide aux ingrédients secs et remuer jusqu'à ce que le tout soit bien mélangé.

Incorporer les pépites de chocolat. Placez la batterie dans votre réfrigérateur pendant environ 30 minutes. Façonner la pâte en petits biscuits et les disposer sur une plaque recouverte de papier sulfurisé.

Cuire au four préchauffé à 350 degrés F pendant environ 11 minutes. Transférer sur une grille pour refroidir légèrement avant de servir. Je t'en prie!

Tarte à la crème de noix de coco

(Prêt en 15 minutes environ + temps de refroidissement | Pour 12 personnes)

Par portion : Calories : 295 ; Matières grasses : 21,1 g ; Glucides : 27,1 g ; Protéines : 3,8 g

matière première

croûte:

2 tasses de noix

10 dattes fraîches, coupées

2 cuillères à soupe d'huile de noix de coco à température ambiante

1/4 cuillère à café de cardamome d'aine

1/2 cuillère à café de cannelle moulue

1 cuillère à café d'extrait de vanille

Remplissage:

2 bananes moyennes trop mûres

2 bananes congelées

1 tasse de crème de noix de coco entière, bien froide

1/3 tasse de sirop d'agave

Décorer:

3 onces de chocolat noir végétalien, rasé

Instructions

Dans votre robot culinaire, mélanger les ingrédients de la croûte jusqu'à ce que le mélange soit homogène ; presser la croûte dans un plat allant au four légèrement graissé.

Mélangez ensuite la couche de remplissage. Verser la garniture sur la croûte et créer une surface plane avec une spatule.

Placer le gâteau au congélateur environ 3 heures. Conservez dans votre congélateur.

Garnir d'un copeau de chocolat juste avant de servir. Je t'en prie!

Bonbons au chocolat faciles

(Prêt en 35 minutes environ | Pour 8 personnes)

Par portion : Calories : 232 ; Matières grasses : 15,5 g ; Glucides : 19,6 g ; Protéines : 3,4 g

matière première

- 10 onces de chocolat noir, cassé en morceaux
- 6 cuillères à soupe de lait de coco, chaud
- 1/4 cuillère à café de cannelle moulue
- 1/4 cuillère à café d'anis moulu
- 1/2 cuillère à café d'extrait de vanille
- 1/4 tasse de cacao en poudre, non sucré

Instructions

Mélanger le chocolat, le lait de coco chaud, la cannelle, l'anis et la vanille jusqu'à ce que tout soit bien mélangé.

Utilisez une cuillère à biscuits pour diviser le mélange en portions de 1 once. Rouler les boules à la main et réfrigérer au moins 30 minutes.

Tremper les boules de chocolat dans la poudre de cacao et réfrigérer jusqu'au moment de servir. Je t'en prie!

Soupe hivernale épicée au farro

(Prêt en 30 minutes environ | Pour 4 personnes)

Par portion : Calories : 298 ; Matières grasses : 8,9 g ; Glucides : 44,6 g ; Protéines : 11,7 g

Matière première

- 2 cuillères à soupe d'huile d'olive
- 1 poireau moyen, haché
- 1 betterave moyenne, tranchée
- 2 piments italiens, épépinés et hachés
- 1 piment jalapeño, haché
- 2 pommes de terre, pelées et coupées en dés
- 4 tasses de bouillon de légumes
- 1 tasse de farro, rincé
- 1/2 cuillère à café d'ail granulé
- 1/2 cuillère à café de poudre de curcuma
- 1 feuille de laurier
- 2 tasses d'épinards, hachés

Adresses

Faire chauffer l'huile d'olive dans une casserole à fond épais à feu moyen. Faites maintenant revenir les poireaux, les navets, les poivrons et les pommes de terre pendant environ 5 minutes jusqu'à ce qu'ils deviennent croustillants.

Ajouter le bouillon de légumes, le farro, l'ail granulé, le curcuma et la feuille de laurier; porter à ébullition.

Porter à ébullition immédiatement. Laisser mijoter environ 25 minutes ou jusqu'à ce que le farro et les pommes de terre soient tendres.

Ajouter les épinards et retirer la casserole du feu; Laissez les épinards reposer dans la chaleur résiduelle jusqu'à ce qu'ils soient flétris. Je t'en prie!

Salade de poulet arc-en-ciel

(Prêt en 30 minutes environ | Pour 4 personnes)

Par portion : Calories : 378 ; Matières grasses : 24 g ; Glucides : 34,2 g ; Protéines : 10,1 g

Matière première

16 onces de pois chiches en conserve, égouttés

1 avocat moyen, tranché

1 poivron, épépiné et tranché

1 grosse tomate, tranchée

2 concombres, coupés en dés

1 oignon rouge tranché

1/2 cuillère à café d'ail haché

1/4 tasse de persil frais haché

1/4 tasse d'huile d'olive

2 cuillères à soupe de vinaigre de cidre de pomme

1/2 citron vert fraîchement pressé

Sel de mer et poivre noir moulu, au goût

Adresses

Mélanger tous les ingrédients dans un saladier.

Mettre la salade au réfrigérateur pendant environ 1 heure avant de servir.

Je t'en prie!

Salade de lentilles à la méditerranéenne

(Prêt en 20 minutes environ + temps de refroidissement | Pour 5 personnes)

Par portion : Calories : 348 ; Matière grasse : 15 g ; Glucides : 41,6 g ; Protéines : 15,8 g

Matière première

1 ½ tasse de lentilles rouges, rincées

1 cuillère à café de moutarde de charcuterie

1/2 citron fraîchement pressé

2 cuillères à soupe de sauce tamari

2 tiges de ciboulette, hachées

1/4 tasse d'huile d'olive extra vierge

2 gousses d'ail hachées

1 tasse de courge musquée, coupée en morceaux

2 cuillères à soupe de persil frais haché

2 cuillères à soupe de coriandre fraîche hachée

1 cuillère à café de basilic frais

1 cuillère à café d'origan frais

1 ½ tasse de tomates cerises, coupées en deux

3 onces d'olives Kalamata, dénoyautées et coupées en deux

Adresses

Dans une grande casserole, porter à ébullition 4 ½ tasses d'eau et les lentilles rouges.

Réduire immédiatement le feu pour laisser mijoter et continuer à cuire les lentilles pendant environ 15 minutes ou jusqu'à ce qu'elles soient tendres. Égoutter et laisser refroidir complètement.

Transférer les lentilles dans un saladier; mélanger les lentilles avec le reste des ingrédients jusqu'à ce qu'ils soient bien mélangés.

Servir froid ou à température ambiante. Je t'en prie!

Salade d'asperges rôties et avocat

(Prêt en 20 minutes environ + temps de refroidissement | Pour 4 personnes)

Par portion : Calories : 378 ; Matières grasses : 33,2 g ; Glucides : 18,6 g ; Protéines : 7,8 g

Matière première

1 livre d'asperges, coupées en petits morceaux

1 ail, haché

2 gousses d'ail hachées

1 tomate Roma, tranchée

1/4 tasse d'huile d'olive

1/4 tasse de vinaigre balsamique

1 cuillère à soupe de moutarde moulue sur pierre

2 cuillères à soupe de persil frais haché

1 cuillère à soupe de coriandre fraîche hachée

1 cuillère à soupe de basilic frais haché

Sel de mer et poivre noir moulu, au goût

1 petit avocat, dénoyauté et coupé en dés

1/2 tasse de pignons de pin, hachés

Adresses

Commencez par préchauffer votre four à 420 degrés F.

Mélangez les asperges avec 1 cuillère à soupe d'huile d'olive et placez-les sur une plaque à pâtisserie recouverte de papier sulfurisé.

Cuire environ 15 minutes en retournant la poêle une ou deux fois pour favoriser une cuisson homogène. Laissez-le refroidir complètement et mettez-le dans votre saladier.

Mélanger les asperges avec les légumes, l'huile d'olive, le vinaigre, la moutarde et les herbes. Sel et poivre au goût.

Mélanger et garnir d'avocat et de pignons de pin. Je t'en prie!

Salade crémeuse de haricots verts aux pignons de pin

(Prêt en 10 minutes environ + temps de refroidissement | Pour 5 personnes)

Par portion : Calories : 308 ; Matières grasses : 26,2 g ; Glucides : 16,6 g ; Protéines : 5,8 g

Matière première

1 ½ livre de haricots verts, parés

2 tomates moyennes, coupées en dés

2 poivrons, épépinés et coupés en dés

4 cuillères à soupe d'échalotes hachées

1/2 tasse de pignons de pin, hachés

1/2 tasse de mayonnaise végétalienne

1 cuillère à soupe de moutarde gourmande

2 cuillères à soupe de basilic frais haché

2 cuillères à soupe de persil frais haché

1/2 cuillère à café de flocons de piment rouge broyés

Sel de mer et poivre noir fraîchement moulu, au goût

Adresses

Faire bouillir les haricots verts dans une grande casserole d'eau salée jusqu'à ce qu'ils soient tendres, environ 2 minutes.

Égoutter et laisser refroidir complètement les haricots; puis transférez-les dans un saladier. Mélanger les haricots avec le reste des ingrédients.

Goûter et rectifier l'assaisonnement. Je t'en prie!

Soupe de haricots cannellini au chou frisé

(Prêt en 25 minutes environ | Donne 5)

Par portion : Calories : 188 ; Matières grasses : 4,7 g ; Glucides : 24,5 g ; Protéines : 11,1 g

Matière première

1 cuillère à soupe d'huile d'olive

1/2 cuillère à café de gingembre haché

1/2 cuillère à café de graines de cumin

1 oignon rouge haché

1 carotte, parée et hachée

1 panais, paré et haché

2 gousses d'ail hachées

5 tasses de bouillon de légumes

12 onces de haricots cannellini, égouttés

2 tasses de chou frisé, coupé en morceaux

Sel de mer et poivre noir moulu, au goût

Adresses

Chauffer les olives dans une casserole à fond épais à feu moyen-vif. Faites maintenant frire le gingembre et le cumin pendant environ 1 minute.

Ajoutez maintenant l'oignon, la carotte et le panais; continuer à sauter pendant encore 3 minutes ou jusqu'à ce que les légumes soient tendres.

Ajouter l'ail et poursuivre la cuisson pendant 1 minute ou jusqu'à ce qu'il soit aromatique.

Versez ensuite le bouillon de légumes et portez à ébullition. Réduire immédiatement le feu à feu doux et laisser mijoter 10 minutes.

Incorporer les haricots cannellini et le chou frisé; continuer à mijoter jusqu'à ce que le chou frisé soit flétri et que tout soit bien chauffé. Assaisonnez avec du sel et du poivre selon votre goût.

Verser dans des bols individuels et servir chaud. Je t'en prie!

. Crème onctueuse aux champignons

(Prêt en 15 minutes environ | Donne 5)

Par portion : Calories : 308 ; Matières grasses : 25,5 g ; Glucides : 11,8 g ; Protéines : 11,6 g

Matière première

2 cuillères à soupe de beurre de soja

1 grosse échalote, hachée

20 onces de champignons cremini, tranchés

2 gousses d'ail hachées

4 cuillères à soupe de farine de graines de lin

5 tasses de bouillon de légumes

1 1/3 tasse de lait de coco frais

1 feuille de laurier

Sel de mer et poivre noir moulu, au goût

Adresses

Faire fondre le beurre végétalien dans une casserole à feu moyen-vif. Lorsqu'elles sont chaudes, faites cuire les échalotes pendant environ 3 minutes jusqu'à ce qu'elles soient tendres et parfumées.

Ajouter les champignons et l'ail et poursuivre la cuisson jusqu'à ce que les champignons ramollissent. Ajouter la farine de graines de lin et poursuivre la cuisson environ 1 minute.

Ajouter les autres ingrédients. Porter à ébullition sous le couvercle et poursuivre la cuisson pendant 5 à 6 minutes supplémentaires jusqu'à ce que la soupe épaississe légèrement.

Je t'en prie!

Salade panzanella italienne authentique

(Prêt en 35 minutes environ | Pour 3 personnes)

Par portion : Calories : 334 ; Matières grasses : 20,4 g ; Glucides : 33,3 g ; Protéines : 8,3 g

Matière première

3 tasses de pain artisanal, cassé en cubes de 1 pouce

3/4 livre d'asperges, parées et coupées en petits morceaux

4 cuillères à soupe d'huile d'olive extra vierge

1 oignon rouge haché

2 cuillères à soupe de jus de citron vert frais

1 cuillère à café de moutarde de charcuterie

2 tomates anciennes moyennes, coupées en dés

2 tasses de roquette

2 tasses de pousses d'épinards

2 piments italiens, épépinés et tranchés

Sel de mer et poivre noir moulu, au goût

Adresses

Déposer les croûtons sur une plaque de cuisson recouverte de papier cuisson. Cuire au four préchauffé à 310 degrés F pendant environ 20 minutes, en tournant la plaque à pâtisserie deux fois pendant le temps de cuisson; réservation

Allumez le four à 420 degrés F et mélangez les asperges avec 1 cuillère à soupe d'huile d'olive. Griller les asperges pendant environ 15 minutes ou jusqu'à ce qu'elles soient croustillantes.

Mélanger le reste des ingrédients dans un saladier; garnir d'asperges rôties et de pain grillé.

Je t'en prie!

Salade de quinoa et haricots noirs

(Prêt en 15 minutes environ + temps de refroidissement | Pour 4 personnes)

Par portion : Calories : 433 ; Matières grasses : 17,3 g ; Glucides : 57 g ; Protéines : 15,1 g

Matière première

2 tasses d'eau

1 tasse de quinoa, rincé

16 onces de haricots noirs en conserve, égouttés

2 tomates Roma, tranchées

1 oignon rouge, haché finement

1 concombre, épépiné et haché

2 gousses d'ail, pressées ou hachées

2 piments italiens, épépinés et tranchés

2 cuillères à soupe de persil frais haché

2 cuillères à soupe de coriandre fraîche hachée

1/4 tasse d'huile d'olive

1 citron fraîchement pressé

1 cuillère à soupe de vinaigre de cidre de pomme

1/2 cuillère à café d'aneth séché

1/2 cuillère à café d'origan séché

Sel de mer et poivre noir moulu, au goût

Adresses

Mettez l'eau et le quinoa dans une casserole et portez à ébullition. Porter à ébullition immédiatement.

Laisser mijoter environ 13 minutes jusqu'à ce que le quinoa ait absorbé toute l'eau; Aérer le quinoa à la fourchette et laisser complètement refroidir. Ensuite, transférez le quinoa dans un saladier.

Ajouter le reste des ingrédients dans le saladier et bien mélanger. Je t'en prie!

Salade riche de boulgour aux herbes

(Prêt en 20 minutes environ + temps de refroidissement | Pour 4 personnes)

Par portion : Calories : 408 ; Matières grasses : 18,3 g ; Glucides : 51,8 g ; Protéines : 13,1 g

Matière première

2 tasses d'eau

1 tasse de boulgour

12 onces de pois chiches en conserve, égouttés

1 concombre persan, tranché finement

2 poivrons, épépinés et tranchés finement

1 piment jalapeno, épépiné et tranché finement

2 tomates Roma, tranchées

1 oignon, haché finement

2 cuillères à soupe de basilic frais haché

2 cuillères à soupe de persil frais haché

2 cuillères à soupe de menthe fraîche hachée

2 cuillères à soupe de ciboulette fraîche hachée

4 cuillères à soupe d'huile d'olive

1 cuillère à soupe de vinaigre balsamique

1 cuillère à soupe de jus de citron

1 cuillère à café d'ail frais, pressé

Sel de mer et poivre noir fraîchement moulu, au goût

2 cuillères à soupe de levure nutritionnelle

1/2 tasse d'olives Kalamata, tranchées

Adresses

Porter à ébullition l'eau et le boulgour dans une casserole. Réduire immédiatement le feu à ébullition et laisser mijoter environ 20 minutes ou jusqu'à ce que le boulgour soit tendre et que l'eau soit presque absorbée. Remuer à la fourchette et étaler sur un grand plateau pour refroidir.

Placer le boulgour dans un saladier, suivi des pois chiches, du concombre, du poivron, de la tomate, de l'oignon, du basilic, du persil, de la menthe et de la ciboulette.

Fouetter ensemble l'huile d'olive, le vinaigre balsamique, le jus de citron, l'ail, le sel et le poivre noir dans un petit bol. Assaisonner la salade et mélanger.

Saupoudrer de levure alimentaire, garnir d'olives et servir à température ambiante. Je t'en prie!

Salade classique de poivrons rôtis

(Prêt en 15 minutes environ + temps de refroidissement | Pour 3 personnes)

Par portion : Calories : 178 ; Matières grasses : 14,4 g ; Glucides : 11,8 g ; Protéines : 2,4 g

Matière première

6 poivrons

3 cuillères à soupe d'huile d'olive extra vierge

3 cuillères à café de vinaigre de vin rouge

3 gousses d'ail finement hachées

2 cuillères à soupe de persil frais haché

Sel de mer et poivre noir fraîchement moulu, au goût

1/2 cuillère à café de flocons de piment rouge

6 cuillères à soupe de pignons de pin, hachés

Adresses

Faites rôtir les poivrons sur une plaque à pâtisserie recouverte de papier sulfurisé pendant environ 10 minutes, en tournant la casserole à mi-cuisson, jusqu'à ce qu'ils soient carbonisés de tous les côtés.

Ensuite, couvrez les poivrons d'une pellicule plastique pour les faire cuire à la vapeur. Jeter la peau, les pépins et la pulpe.

Coupez les poivrons en lanières et mélangez-les avec le reste des ingrédients. Placer dans votre réfrigérateur jusqu'au moment de servir. Je t'en prie!

Bonne soupe de quinoa d'hiver

(Prêt en 25 minutes environ | Pour 4 personnes)

Par portion : Calories : 328 ; Matières grasses : 11,1 g ; Glucides : 44,1 g ; Protéines : 13,3 g

Matière première

2 cuillères à soupe d'huile d'olive

1 oignon haché

2 carottes, pelées et hachées

1 panais haché

1 branche de céleri haché

1 tasse de courge jaune hachée

4 gousses d'ail, pressées ou hachées

4 tasses de bouillon de légumes grillés

2 tomates moyennes, écrasées

1 tasse de quinoa

Sel de mer et poivre noir moulu, au goût

1 feuille de laurier

2 tasses de bette à carde, sans la côte dure et coupée en morceaux

2 cuillères à soupe de persil italien haché

Adresses

Chauffer les olives dans une casserole à fond épais à feu moyen-vif. Faites maintenant frire l'oignon, la carotte, le panais, le céleri et la courge jaune pendant environ 3 minutes ou jusqu'à ce que les légumes soient tendres.

Ajouter l'ail et poursuivre la cuisson pendant 1 minute ou jusqu'à ce qu'il soit aromatique.

Ajouter ensuite le bouillon de légumes, les tomates, le quinoa, le sel, le poivre et le laurier ; porter à ébullition. Réduire immédiatement le feu à feu doux et laisser mijoter 13 minutes.

Ajouter la pomme de terre; continuer à mijoter jusqu'à ce que la personne suisse flétrisse.

Verser dans des bols individuels et servir garni de persil frais. Je t'en prie!

salade de lentilles vertes

(Prêt en 20 minutes environ + temps de refroidissement | Pour 5 personnes)

Par portion : Calories : 349 ; Matières grasses : 15,1 g ; Glucides : 40,9 g ; Protéines : 15,4 g

Matière première

1 ½ tasse de lentilles vertes, rincées

2 tasses de roquette

2 tasses de laitue romaine, coupée en morceaux

1 tasse de pousses d'épinards

1/4 tasse de basilic frais haché

1/2 tasse d'échalotes hachées

2 gousses d'ail, hachées finement

1/4 tasse de tomates séchées au soleil emballées dans l'huile, rincées et hachées

5 cuillères à soupe d'huile d'olive extra vierge

3 cuillères à soupe de jus de citron frais

Sel de mer et poivre noir moulu, au goût

Adresses

Porter à ébullition 4 ½ tasses d'eau et les lentilles rouges dans une grande casserole.

Baissez immédiatement le feu pour laisser mijoter et continuez à cuire les lentilles pendant 15 à 17 minutes supplémentaires ou jusqu'à ce qu'elles soient tendres mais pas molles. Égoutter et laisser refroidir complètement.

Transférer les lentilles dans un saladier; mélanger les lentilles avec le reste des ingrédients jusqu'à ce qu'ils soient bien mélangés.

Servir froid ou à température ambiante. Je t'en prie!

. Potage à la courge poivrée, pois chiches et couscous

(Prêt en 20 minutes environ | Pour 4 personnes)

Par portion : Calories : 378 ; Matières grasses : 11 g ; Glucides : 60,1 g ; Protéines : 10,9 g

Matière première

2 cuillères à soupe d'huile d'olive

1 échalote hachée

1 carotte, parée et hachée

2 tasses de courge poivrée hachée

1 branche de céleri haché

1 cuillère à café d'ail finement haché

1 cuillère à café de romarin séché, haché

1 cuillère à café de thym séché, haché

2 tasses de crème d'oignon

2 tasses d'eau

1 tasse de couscous sec

Sel de mer et poivre noir moulu, au goût

1/2 cuillère à café de flocons de piment rouge

6 onces de pois chiches en conserve, égouttés

2 cuillères à soupe de jus de citron frais

Adresses

Chauffer les olives dans une casserole à fond épais à feu moyen-vif. Faites maintenant frire l'échalote, la carotte, la courge et le céleri pendant environ 3 minutes ou jusqu'à ce que les légumes soient tendres.

Ajouter l'ail, le romarin et le thym et continuer à faire frire pendant 1 minute ou jusqu'à ce qu'ils soient aromatiques.

Ajouter ensuite la soupe, l'eau, le couscous, le sel, le poivre noir et les flocons de piment rouge; porter à ébullition. Réduire immédiatement le feu à feu doux et laisser mijoter 12 minutes.

Incorporer les pois chiches en conserve; continuer à mijoter jusqu'à ce que le tout soit bien chaud ou environ 5 minutes de plus.

Servir dans des bols individuels et arroser de jus de citron. Je t'en prie!

. Soupe aux choux avec crostini à l'ail

(Prêt en 1 heure environ | Pour 4 personnes)

Par portion : Calories : 408 ; Matières grasses : 23,1 g ; Glucides : 37,6 g ; Protéines : 11,8 g

Matière première

Soupe:

2 cuillères à soupe d'huile d'olive

1 poireau moyen haché

1 tasse de betteraves hachées

1 panais haché

1 carotte tranchée

2 tasses de chou râpé

2 gousses d'ail, hachées finement

4 tasses de bouillon de légumes

2 feuilles de laurier

Sel de mer et poivre noir moulu, au goût

1/4 cuillère à café de graines de cumin

1/2 cc de graines de moutarde

1 cuillère à café de basilic séché

2 tomates, en purée

Crostini:

8 tranches de baguette

2 têtes d'ail

4 cuillères à soupe d'huile d'olive extra vierge

Adresses

Faites chauffer 2 cuillères à soupe d'olives dans une casserole à feu moyen-vif. Faites maintenant frire le poireau, le navet, le panais et la carotte pendant environ 4 minutes ou jusqu'à ce que les légumes soient croustillants.

Ajouter l'ail et le chou et continuer à faire frire pendant 1 minute ou jusqu'à ce qu'ils soient aromatiques.

Ajouter ensuite le bouillon de légumes, la feuille de laurier, le sel, le poivre noir, les graines de cumin, les graines de moutarde, le basilic séché et la purée de tomates ; porter à ébullition. Réduire immédiatement le feu à ébullition et laisser mijoter environ 20 minutes.

Pendant ce temps, préchauffez le four à 375 degrés F. Faites maintenant rôtir l'ail et les tranches de baguette pendant environ 15 minutes. Sortir les crostinis du four.

Continuez à cuire l'ail pendant 45 minutes supplémentaires ou jusqu'à ce qu'il soit très tendre. Laissez refroidir l'ail.

Coupez maintenant chaque tête d'ail avec un couteau bien aiguisé pour séparer toutes les gousses.

Pressez les gousses d'ail rôties de leur peau. Écrasez la masse d'ail avec 4 cuillères à soupe d'huile d'olive extra vierge.

Répartir uniformément le mélange d'ail rôti sur le dessus des crostini. Servir avec une soupe chaude. Je t'en prie!

Soupe aux haricots verts

(Prêt en 35 minutes environ | Pour 4 personnes)

Par portion : Calories : 410 ; Matières grasses : 19,6 g ; Glucides : 50,6 g ; Protéines : 13,3 g

Matière première

1 cuillère à soupe d'huile de sésame

1 oignon haché

1 poivron vert, épépiné et haché

2 pommes de terre, pelées et coupées en dés

2 gousses d'ail hachées

4 tasses de bouillon de légumes

1 livre de haricots verts, hachés

Sel de mer et poivre noir moulu, pour assaisonner

1 tasse de lait de coco frais

Adresses

Chauffer le sésame dans une casserole à fond épais à feu moyen-vif. Faites maintenant revenir l'oignon, le poivron et les pommes de terre pendant environ 5 minutes en remuant régulièrement.

Ajouter l'ail et poursuivre la cuisson pendant 1 minute ou jusqu'à ce qu'il soit parfumé.

Ajouter ensuite le bouillon de légumes, les haricots verts, le sel et le poivre noir ; porter à ébullition. Réduire immédiatement le feu à feu doux et laisser mijoter pendant 20 minutes.

Réduire en purée le mélange de haricots verts avec un mélangeur à immersion jusqu'à consistance crémeuse et lisse.

Remettre le mélange en purée dans la casserole. Ajouter le lait de coco et continuer à mijoter jusqu'à épaississement ou environ 5 minutes de plus.

Verser dans des bols individuels et servir chaud. Je t'en prie!

Soupe à l'oignon traditionnelle française

(Prêt en 1h30 environ | Portion 4)

Par portion : Calories : 129 ; Matières grasses : 8,6 g ; Glucides : 7,4 g ; Protéines : 6,3 g

Matière première

2 cuillères à soupe d'huile d'olive

2 gros oignons jaunes, tranchés finement

2 brins de thym, hachés

2 brins de romarin, hachés

2 cuillères à café de vinaigre balsamique

4 tasses de bouillon de légumes

Sel de mer et poivre noir moulu, au goût

Adresses

Faire chauffer l'huile d'olive à feu moyen dans une casserole ou une marmite. Faites maintenant cuire l'oignon avec le thym, le romarin et 1 cuillère à café de sel marin pendant environ 2 minutes.

Maintenant, réduisez le feu à moyen-doux et continuez à cuire jusqu'à ce que les oignons caramélisent ou environ 50 minutes.

Ajouter le vinaigre balsamique et poursuivre la cuisson encore 15 minutes. Ajouter le bouillon, le sel et le poivre noir et continuer à mijoter pendant 20 à 25 minutes.

Servir avec des toasts et régalez-vous !

. soupe de carottes rôties

(Prêt en 50 minutes environ | Pour 4 personnes)

Par portion : Calories : 264 ; Matières grasses : 18,6 g ; Glucides : 20,1 g ; Protéines : 7,4 g

Matière première

1 ½ livre de carottes

4 cuillères à soupe d'huile d'olive

1 oignon jaune haché

2 gousses d'ail hachées

1/3 cuillère à café de cumin moulu

Sel de mer et poivre blanc, au goût.

1/2 cuillère à café de poudre de curcuma

4 tasses de bouillon de légumes

2 cuillères à café de jus de citron

2 cuillères à soupe de coriandre fraîche, hachée

Adresses

Commencez par préchauffer votre four à 400 degrés F. Placez les carottes sur une grande plaque à pâtisserie recouverte de papier sulfurisé; mélanger les carottes avec 2 cuillères à soupe d'huile d'olive.

Griller les carottes environ 35 minutes ou jusqu'à ce qu'elles soient tendres.

Faites chauffer les 2 cuillères à soupe d'huile d'olive restantes dans une casserole à fond épais. Faites maintenant frire l'oignon et l'ail pendant environ 3 minutes ou jusqu'à ce qu'ils soient aromatiques.

Ajouter le cumin, le sel, le poivre, le curcuma, le bouillon de légumes et les carottes rôties. Poursuivre la cuisson à feu doux pendant 12 minutes supplémentaires.

Mixez votre soupe au mixeur. Verser le jus de citron sur la soupe et servir garni de feuilles de coriandre fraîche. Je t'en prie!

Salade de pâtes italiennes aux penne

(Prêt en 15 minutes environ + temps de refroidissement | Pour 3 personnes)

Par portion : Calories : 614 ; Matières grasses : 18,1 g ; Glucides : 101 g ; Protéines : 15,4 g

Matière première

9 onces de pâtes penne

9 onces de haricots cannellini en conserve, égouttés

1 petit oignon, haché finement

1/3 tasse d'olives niçoises, dénoyautées et tranchées

2 piments italiens, tranchés

1 tasse de tomates cerises, coupées en deux

3 tasses de roquette

Bandage:

3 cuillères à soupe d'huile d'olive extra vierge

1 cuillère à café de zeste de citron

1 cuillère à café d'ail haché

3 cuillères à soupe de vinaigre balsamique

1 cuillère à café de mélange d'herbes italiennes

Sel de mer et poivre noir moulu, au goût

Adresses

Cuire les pâtes penne selon les instructions sur l'emballage. Égouttez et rincez les pâtes. Laisser complètement refroidir puis transférer dans un saladier.

Ensuite, ajoutez les haricots, les oignons, les olives, les poivrons, les tomates et la roquette dans le saladier.

Mélanger tous les ingrédients de la vinaigrette jusqu'à ce que tout soit bien mélangé. Assaisonnez votre salade et servez très frais. Je t'en prie!

Salade Indienne Chana Chaat

(Prêt en 45 minutes environ + temps de refroidissement | Pour 4 personnes)

Par portion : Calories : 604 ; Matières grasses : 23,1 g ; Glucides : 80g ; Protéines : 25,3 g

Matière première

1 livre de pois chiches séchés, trempés pendant la nuit

2 tomates San Marzano coupées en dés

1 concombre persan, tranché

1 oignon haché

1 poivron, épépiné et tranché finement

1 piment vert, épépiné et tranché finement

2 poignées de pousses d'épinards

1/2 cuillère à café de poudre de piment du Cachemire

4 feuilles de curry, hachées

1 cuillère à soupe de chaat masala

2 cuillères à soupe de jus de citron frais ou au goût

4 cuillères à soupe d'huile d'olive

1 cuillère à café de sirop d'agave

1/2 cc de graines de moutarde

1/2 cc de graines de coriandre

2 cuillères à soupe de graines de sésame, légèrement grillées

2 cuillères à soupe de coriandre fraîche, hachée

Adresses

Égouttez les pois chiches et placez-les dans une grande casserole. Couvrir les pois chiches d'eau de 2 pouces et porter à ébullition.

Éteignez immédiatement le feu et poursuivez la cuisson environ 40 minutes.

Mélanger les pois chiches avec les tomates, le concombre, l'oignon, le poivron, les épinards, la poudre de chili, les feuilles de curry et le chaat masala.

Bien mélanger le jus de citron, l'huile d'olive, le sirop d'agave, les graines de moutarde et les graines de coriandre dans un petit plat.

Garnir de graines de sésame et de coriandre fraîche. Je t'en prie!

Salade de nouilles au tempeh à la thaïlandaise

(Prêt en 45 minutes environ | Pour 3 personnes)

Par portion : Calories : 494 ; Matières grasses : 14,5 g ; Glucides : 75 g ; Protéines : 18,7 g

Matière première

6 onces de tempeh

4 cuillères à soupe de vinaigre de riz

4 cuillères à soupe de sauce soja

2 gousses d'ail hachées

1 petit citron vert, fraîchement pressé

5 onces de nouilles de riz

1 carotte hachée

1 échalote hachée

3 poignées de bok choy, tranchés finement

3 poignées de chou frisé, coupé en morceaux

1 poivron, épépiné et tranché finement

1 piment oiseau, haché

1/4 tasse de beurre d'arachide

2 cuillères à soupe de sirop d'agave

Adresses

Placer le tempeh, 2 cuillères à soupe de vinaigre de riz, la sauce soja, l'ail et le jus de citron dans un plat en céramique ; laisser mijoter environ 40 minutes.

Pendant ce temps, faites cuire les nouilles de riz selon les instructions sur l'emballage. Égouttez les nouilles et placez-les dans un saladier.

Ajouter la carotte, l'échalote, le chou, le chou frisé et le poivron dans le saladier. Ajouter le beurre de cacahuète, les 2 cuillères à soupe de vinaigre de riz restantes et le sirop d'agave et remuer pour combiner.

Garnir de tempeh mariné et servir aussitôt. Apprécier!

Crème de brocoli classique

(Prêt en 35 minutes environ | Pour 4 personnes)

Par portion : Calories : 334 ; Matières grasses : 24,5 g ; Glucides : 22,5 g ; Protéines : 10,2 g

Matière première

2 cuillères à soupe d'huile d'olive

1 livre de brocoli

1 oignon haché

1 branche de céleri hachée

1 panais haché

1 cuillère à café d'ail haché

3 tasses de bouillon de légumes

1/2 cuillère à café d'aneth séché

1/2 cuillère à café d'origan séché

Sel de mer et poivre noir moulu, au goût

2 cuillères à soupe de farine de graines de lin

1 tasse de lait entier

Adresses

Faire chauffer l'huile d'olive dans une casserole à fond épais à feu moyen-vif. Faites maintenant revenir le brocoli, l'oignon, le céleri et le panais pendant environ 5 minutes en remuant régulièrement.

Ajouter l'ail et poursuivre la cuisson pendant 1 minute ou jusqu'à ce qu'il soit parfumé.

Ajouter ensuite le bouillon de légumes, l'aneth, l'origan, le sel et le poivre noir ; porter à ébullition. Réduire immédiatement le feu à ébullition et laisser mijoter environ 20 minutes.

Réduire la soupe au mélangeur jusqu'à ce qu'elle soit crémeuse et lisse.

Remettre le mélange en purée dans la casserole. Incorporer la farine de graines de lin et le lait de coco; continuer à mijoter jusqu'à ce que le tout soit chaud ou environ 5 minutes.

Verser dans quatre bols et déguster !

Salade marocaine aux lentilles et aux raisins secs

(Prêt en 20 minutes environ + temps de refroidissement | Pour 4 personnes)

Par portion : Calories : 418 ; Matière grasse : 15 g ; Glucides : 62,9 g ; Protéines : 12,4 g

Matière première

- 1 tasse de lentilles rouges, rincées
- 1 grosse carotte, hachée
- 1 concombre persan, tranché finement
- 1 oignon doux haché
- 1/2 tasse de raisins secs dorés
- 1/4 tasse de menthe fraîche, hachée
- 1/4 tasse de basilic frais, haché
- 1/4 tasse d'huile d'olive extra vierge
- 1/4 tasse de jus de citron, fraîchement pressé
- 1 cuillère à café de zeste de citron râpé

1/2 cuillère à café de racine de gingembre frais, pelée et hachée

1/2 cuillère à café d'ail granulé

1 cuillère à café de poivre moulu

Sel de mer et poivre noir moulu, au goût

Adresses

Dans une grande casserole, faire bouillir 3 tasses d'eau et 1 tasse de lentilles.

Réduire immédiatement le feu pour laisser mijoter et continuer à cuire les lentilles pendant 15 à 17 minutes supplémentaires ou jusqu'à ce qu'elles soient tendres mais pas encore pâteuses. Égoutter et laisser refroidir complètement.

Transférer les lentilles dans un saladier; ajouter la carotte, le concombre et l'oignon doux. Ajoutez ensuite les raisins secs, la menthe et le basilic à la salade.

Dans un petit bol, fouetter ensemble l'huile d'olive, le jus de citron, le zeste de citron, le gingembre, l'ail, le piment de la Jamaïque, le sel et le poivre noir.

Assaisonnez votre salade et servez très frais. Je t'en prie!

Salade d'asperges et de poulet

(Prêt en 10 minutes environ + temps de refroidissement | Pour 5 personnes)

Par portion : Calories : 198 ; Matières grasses : 12,9 g ; Glucides : 17,5 g ; Protéines : 5,5 g

Matière première

1 ¼ livres d'asperges, parées et coupées en petits morceaux

5 onces de pois chiches en conserve, égouttés et rincés

1 piment chipotle, épépiné et haché

1 poivron italien, épépiné et haché

1/4 tasse de feuilles de basilic frais, hachées

1/4 tasse de feuilles de persil frais, hachées

2 cuillères à soupe de feuilles de menthe fraîche

2 cuillères à soupe de ciboulette fraîche hachée

1 cuillère à café d'ail haché

1/4 tasse d'huile d'olive extra vierge

1 cuillère à soupe de vinaigre balsamique

1 cuillère à soupe de jus de citron frais

2 cuillères à soupe de sauce soja

1/4 cuillère à café de poivre moulu

1/4 cuillère à café de cumin moulu

Sel de mer et poivre fraîchement moulu, au goût

Adresses

Porter à ébullition une grande casserole d'eau salée avec les asperges; laisser cuire 2 minutes; égoutter et rincer.

Transférer les asperges dans un saladier.

Mélanger les asperges avec les pois chiches, le paprika, les herbes, l'ail, l'huile d'olive, le vinaigre, le jus de citron vert, la sauce soja et l'assaisonnement.

Remuer pour combiner et servir immédiatement. Je t'en prie!

Salade de haricots verts à l'ancienne

(Prêt en 10 minutes environ + temps de refroidissement | Pour 4 personnes)

Par portion : Calories : 240 ; Matières grasses : 14,1 g ; Glucides : 29 g ; Protéines : 4,4 g

Matière première

1 ½ livre de haricots verts, parés

1/2 tasse de ciboulette hachée

1 cuillère à café d'ail haché

1 concombre persan, tranché

2 tasses de tomates raisins, coupées en deux

1/4 tasse d'huile d'olive

1 cuillère à café de moutarde de charcuterie

2 cuillères à soupe de sauce tamari

2 cuillères à soupe de jus de citron

1 cuillère à soupe de vinaigre de cidre de pomme

1/4 cuillère à café de cumin en poudre

1/2 cuillère à café de thym séché

Sel de mer et poivre noir moulu, au goût

Adresses

Faire bouillir les haricots verts dans une grande casserole d'eau salée jusqu'à ce qu'ils soient tendres, environ 2 minutes.

Égoutter et laisser refroidir complètement les haricots; puis transférez-les dans un saladier. Mélanger les haricots avec le reste des ingrédients.

Je t'en prie!

Soupe aux pois d'hiver

(Prêt en 25 minutes environ | Pour 4 personnes)

Par portion : Calories : 234 ; Matières grasses : 5,5 g ; Glucides : 32,3 g ; Protéines : 14,4 g

Matière première

1 cuillère à soupe d'huile d'olive

2 cuillères à soupe d'échalotes hachées

1 carotte tranchée

1 panais haché

1 branche de céleri haché

1 cuillère à café d'ail frais haché

4 tasses de bouillon de légumes

2 feuilles de laurier

1 brin de romarin, haché

16 onces de haricots blancs en conserve

Flocons de sel de mer et poivre noir moulu, au goût

Adresses

Chauffer les olives dans une casserole à fond épais à feu moyen-vif. Faites maintenant frire l'échalote, la carotte, le panais et le céleri pendant environ 3 minutes ou jusqu'à ce que les légumes soient tendres.

Ajouter l'ail et poursuivre la cuisson pendant 1 minute ou jusqu'à ce qu'il soit aromatique.

Ajoutez ensuite le bouillon de légumes, le laurier et le romarin et portez à ébullition. Réduire immédiatement le feu à feu doux et laisser mijoter 10 minutes.

Ajouter les haricots blancs et continuer à mijoter pendant environ 5 minutes de plus jusqu'à ce qu'ils soient bien chauds. Assaisonner avec du sel et du poivre noir au goût.

Servir dans des bols individuels, jeter les feuilles de laurier et servir chaud. Je t'en prie!

Soupe italienne aux champignons Cremini

(Prêt en 15 minutes environ | Pour 3 personnes)

Par portion : Calories : 154 ; Matières grasses : 12,3 g ; Glucides : 9,6 g ; Protéines : 4,4 g

Matière première

3 cuillères à soupe de beurre végétalien

1 ail, haché

1 poivron rouge, haché

1/2 cuillère à café d'ail pressé

3 tasses de champignons cremini, hachés

2 cuillères à soupe de farine d'amande

3 tasses d'eau

1 cuillère à café de mélange d'herbes italiennes

Sel de mer et poivre noir moulu, au goût

1 grosse cuillère à soupe de ciboulette fraîche, hachée

Adresses

Faire fondre le beurre végétalien dans une casserole à feu moyen-vif. Une fois chaud, faire revenir l'oignon et le poivron pendant environ 3 minutes jusqu'à ce qu'ils soient tendres.

Ajouter l'ail et les champignons cremini et continuer à faire frire jusqu'à ce que les champignons ramollissent. Saupoudrer la poudre d'amandes sur les champignons et poursuivre la cuisson environ 1 minute.

Ajouter les autres ingrédients. Porter à ébullition sous le couvercle et poursuivre la cuisson encore 5-6 minutes jusqu'à ce que le liquide épaississe légèrement.

Servir dans trois bols à soupe et garnir de ciboulette fraîche. Je t'en prie!

Crème de pommes de terre aux herbes

(Prêt en 40 minutes environ | Pour 4 personnes)

Par portion : Calories : 400 ; Matières grasses : 9 g ; Glucides : 68,7 g ; Protéines : 13,4 g

Matière première

2 cuillères à soupe d'huile d'olive

1 oignon haché

1 branche de céleri haché

4 grosses pommes de terre, pelées et hachées

2 gousses d'ail hachées

1 cc de basilic frais haché

1 cuillère à café de persil frais haché

1 cuillère à café de romarin frais haché

1 feuille de laurier

1 cuillère à café de poivre moulu

4 tasses de bouillon de légumes

Sel et poivre noir fraîchement moulu, au goût.

2 cuillères à soupe de ciboulette fraîche hachée

Adresses

Faire chauffer l'huile d'olive dans une casserole à fond épais à feu moyen-vif. Lorsqu'ils sont chauds, faire revenir l'oignon, le céleri et les pommes de terre environ 5 minutes en remuant régulièrement.

Ajouter l'ail, le basilic, le persil, le romarin, la feuille de laurier et les herbes et poursuivre la cuisson pendant 1 minute ou jusqu'à ce qu'ils soient parfumés.

Ajoutez maintenant le bouillon de légumes, le sel et le poivre noir et portez à ébullition rapide. Réduire immédiatement le feu à feu doux et laisser mijoter environ 30 minutes.

Réduire la soupe au mélangeur jusqu'à ce qu'elle soit crémeuse et lisse.

Faire chauffer la soupe et servir avec de la ciboulette fraîche. Je t'en prie!

Salade de quinoa et avocat

(Prêt en 15 minutes environ + temps de refroidissement | Pour 4 personnes)

Par portion : Calories : 399 ; Matières grasses : 24,3 g ; Glucides : 38,5 g ; Protéines : 8,4 g

Matière première

1 tasse de quinoa, rincé

1 oignon haché

1 tomate, coupée en dés

2 poivrons grillés, coupés en lanières

2 cuillères à soupe de persil haché

2 cuillères à soupe de basilic haché

1/4 tasse d'huile d'olive extra vierge

2 cuillères à soupe de vinaigre de vin rouge

2 cuillères à soupe de jus de citron

1/4 cuillère à café de poivre de Cayenne

Sel de mer et poivre noir fraîchement moulu, pour l'assaisonnement

1 avocat, pelé, évidé et tranché

1 cuillère à soupe de graines de sésame grillées

Adresses

Mettez l'eau et le quinoa dans une casserole et portez à ébullition. Porter à ébullition immédiatement.

Laisser mijoter environ 13 minutes jusqu'à ce que le quinoa ait absorbé toute l'eau; Aérer le quinoa à la fourchette et laisser complètement refroidir. Ensuite, transférez le quinoa dans un saladier.

Ajouter l'oignon, les tomates, les poivrons rôtis, le persil et le basilic dans le saladier. Dans un autre petit bol, fouetter ensemble l'huile d'olive, le vinaigre, le jus de citron, le poivre de Cayenne, le sel et le poivre noir.

Assaisonnez la salade et mélangez bien. Garnir de tranches d'avocat et garnir de graines de sésame grillées.

Je t'en prie!

Salade de taboulé au tofu

(Prêt en 20 minutes environ + temps de refroidissement | Pour 4 personnes)

Par portion : Calories : 379 ; Matières grasses : 18,3 g ; Glucides : 40,7 g ; Protéines : 19,9 g

Matière première

1 tasse de farine de boulgour

2 tomates San Marzano, tranchées

1 concombre persan, tranché finement

2 cuillères à soupe de basilic haché

2 cuillères à soupe de persil haché

4 oignons nouveaux hachés

2 tasses de roquette

2 tasses de bébés épinards, coupés en morceaux

4 cuillères à soupe de tahini

4 cuillères à soupe de jus de citron

1 cuillère à soupe de sauce soja

1 cuillère à café d'ail frais, pressé

Sel de mer et poivre noir moulu, au goût

12 onces de tofu fumé, coupé en dés

Adresses

Dans une casserole, porter à ébullition 2 tasses d'eau et le boulgour. Réduire immédiatement le feu à ébullition et laisser mijoter environ 20 minutes ou jusqu'à ce que le boulgour soit tendre et que l'eau soit presque absorbée. Remuer à la fourchette et étaler sur un grand plateau pour refroidir.

Placer le boulgour dans un saladier, suivi des tomates, du concombre, du basilic, du persil, de la ciboule, de la roquette et des épinards.

Dans un petit bol, fouetter ensemble le tahini, le jus de citron, la sauce soya, l'ail, le sel et le poivre noir. Assaisonner la salade et mélanger.

Garnir la salade de tofu fumé et servir à température ambiante. Je t'en prie!

Salade de pâtes du jardin

(Prêt en 10 minutes environ + temps de refroidissement | Pour 4 personnes)

Par portion : Calories : 479 ; Matière grasse : 15 g ; Glucides : 71,1 g ; Protéines : 14,9 g

Matière première

12 onces de pâtes rotini

1 petit oignon, haché finement

1 tasse de tomates cerises, coupées en deux

1 poivron haché

1 piment jalapeño, haché

1 cuillère à soupe de câpres, égouttées

2 tasses de laitue iceberg, coupée en morceaux

2 cuillères à soupe de persil frais haché

2 cuillères à soupe de coriandre fraîche hachée

2 cuillères à soupe de basilic frais haché

1/4 tasse d'huile d'olive

2 cuillères à soupe de vinaigre de cidre de pomme

1 cuillère à café d'ail pressé

Sel casher et poivre noir moulu, au goût

2 cuillères à soupe de levure nutritionnelle

2 cuillères à soupe de pignons de pin grillés et hachés

Adresses

Cuire les pâtes d'après les instructions sur l'emballage. Égouttez et rincez les pâtes. Laisser complètement refroidir puis transférer dans un saladier.

Ensuite, ajoutez les oignons, les tomates, les poivrons, les câpres, la laitue, le persil, la coriandre et le basilic dans le saladier.

Fouettez ensemble l'huile d'olive, le vinaigre, l'ail, le sel, le poivre noir et la levure alimentaire. Assaisonner la salade et garnir de pignons de pin grillés. Je t'en prie!

bortsch ukrainien traditionnel

(Prêt en 40 minutes environ | Pour 4 personnes)

Par portion : Calories : 367 ; Matières grasses : 9,3 g ; Glucides : 62,7 g ; Protéines : 12,1 g

Matière première

2 cuillères à soupe d'huile de sésame

1 oignon rouge haché

2 carottes, parées et tranchées

2 grosses betteraves, pelées et tranchées

2 grosses pommes de terre, pelées et coupées en dés

4 tasses de bouillon de légumes

2 gousses d'ail hachées

1/2 cuillère à café de graines de cumin

1/2 cc de graines de céleri

1/2 cuillère à café de graines de fenouil

1 livre de chou rouge, râpé

1/2 cuillère à café de grains de poivre mélangés fraîchement concassés

Sel casher, au goût

2 feuilles de laurier

2 cuillères à soupe de vinaigre de vin

Adresses

Faire chauffer l'huile de sésame à feu moyen dans un faitout. Lorsqu'il est chaud, faire revenir l'oignon jusqu'à ce qu'il soit tendre et translucide, environ 6 minutes.

Ajouter les carottes, les betteraves et les pommes de terre et poursuivre la cuisson pendant 10 minutes supplémentaires, en ajoutant périodiquement le bouillon de légumes.

Ajoutez ensuite l'ail, les graines de cumin, les graines de céleri, les graines de fenouil et continuez à faire frire pendant encore 30 secondes.

Ajouter le chou, le mélange de grains de poivre, le sel et les feuilles de laurier. Ajouter le reste du bouillon et porter à ébullition.

Réduire immédiatement le feu pour laisser mijoter et poursuivre la cuisson pendant 20 à 23 minutes supplémentaires jusqu'à ce que les légumes soient tendres.

Servir dans des bols individuels et arroser de vinaigre. Servez et dégustez !

salade de lentilles beluga

(Prêt en 20 minutes environ + temps de refroidissement | Pour 4 personnes)

Par portion : Calories : 338 ; Matières grasses : 16,3 g ; Glucides : 37,2 g ; Protéines : 13 g

Matière première

1 tasse de lentilles beluga, rincées

1 concombre persan, tranché

1 grosse tomate, tranchée

1 oignon rouge haché

1 poivron, tranché

1/4 tasse de basilic frais haché

1/4 tasse de persil italien frais, haché

2 onces d'olives vertes, dénoyautées et tranchées

1/4 tasse d'huile d'olive

4 cuillères à soupe de jus de citron

1 cuillère à café de moutarde de charcuterie

1/2 cuillère à café d'ail haché

1/2 cuillère à café de flocons de piment rouge broyés

Sel de mer et poivre noir moulu, au goût

Adresses

Dans une grande casserole, faire bouillir 3 tasses d'eau et 1 tasse de lentilles.

Baissez immédiatement le feu pour laisser mijoter et continuez à cuire les lentilles pendant 15 à 17 minutes supplémentaires ou jusqu'à ce qu'elles soient tendres mais pas molles. Égoutter et laisser refroidir complètement.

Transférer les lentilles dans un saladier; ajouter le concombre, les tomates, l'oignon, le poivron, le basilic, le persil et les olives.

Mélanger l'huile d'olive, le jus de citron, la moutarde, l'ail, les flocons de piment rouge, le sel et le poivre noir dans un petit bol.

Assaisonner la salade, mélanger et servir très frais. Je t'en prie!

Salade Naan Indienne

(Prêt en 10 minutes environ | Pour 3 personnes)

Par portion : Calories : 328 ; Matières grasses : 17,3 g ; Glucides : 36,6 g ; Protéines : 6,9 g

Matière première

- 3 cuillères à soupe d'huile de sésame
- 1 cuillère à café de gingembre, pelé et haché
- 1/2 cuillère à café de graines de cumin
- 1/2 cc de graines de moutarde
- 1/2 cuillère à café de grains de poivre mélangés
- 1 cuillère à soupe de feuilles de curry
- 3 pains naan, cassés en petits morceaux
- 1 échalote hachée
- 2 tomates, hachées
- Sel de l'Himalaya, au goût

1 cuillère à soupe de sauce soja

Adresses

Faites chauffer 2 cuillères à soupe d'huile de sésame dans une poêle antiadhésive à feu moyen-vif.

Faire frire le gingembre, les graines de cumin, les graines de moutarde, les grains de poivre mélangés et les feuilles de curry pendant environ 1 minute jusqu'à ce qu'ils soient parfumés.

Ajouter les pains naan et poursuivre la cuisson en remuant régulièrement jusqu'à ce qu'ils soient dorés et bien enrobés d'épices.

Placer les échalotes et les tomates dans un saladier; mélangez-les avec le sel, la sauce soja et la cuillère à soupe d'huile de sésame restante.

Déposer les toasts sur la salade et servir à température ambiante. Apprécier!

Salade de poivrons grillés à la grecque

(Prêt en 10 minutes environ | Donne 2)

Par portion : Calories : 185 ; Matières grasses : 11,5 g ; Glucides : 20,6 g ; Protéines : 3,7 g

Matière première

2 poivrons rouges

2 poivrons jaunes

2 gousses d'ail, pressées

4 cuillères à café d'huile d'olive extra vierge

1 cuillère à soupe de câpres, rincées et égouttées

2 cuillères à soupe de vinaigre de vin rouge

Sel de mer et poivre moulu, au goût

1 cuillère à café d'aneth frais, haché

1 cuillère à café d'origan frais haché

1/4 tasse d'olives Kalamata, pelées et tranchées

Adresses

Faites rôtir les poivrons sur une plaque à pâtisserie recouverte de papier sulfurisé pendant environ 10 minutes, en tournant la casserole à mi-cuisson, jusqu'à ce qu'ils soient carbonisés de tous les côtés.

Ensuite, couvrez les poivrons d'une pellicule plastique pour les faire cuire à la vapeur. Jeter la peau, les pépins et la pulpe.

Coupez le poivron en lanières et placez-le dans un saladier. Ajouter le reste des ingrédients et remuer pour bien mélanger.

Placer dans votre réfrigérateur jusqu'au moment de servir. Je t'en prie!

Soupe aux haricots et pommes de terre

(Prêt en 30 minutes environ | Pour 4 personnes)

Par portion : Calories : 266 ; Matières grasses : 7,7 g ; Glucides : 41,3 g ; Protéines : 9,3 g

Matière première

2 cuillères à soupe d'huile d'olive

1 oignon haché

1 livre de pommes de terre, pelées et coupées en dés

1 branche de céleri moyenne, hachée

2 gousses d'ail hachées

1 cuillère à café de paprika

4 tasses d'eau

2 cuillères à soupe de poudre de bouillon végétalien

16 onces de haricots rouges en conserve, égouttés

2 tasses de pousses d'épinards

Sel de mer et poivre noir moulu, au goût

Adresses

Chauffer les olives dans une casserole à fond épais à feu moyen-vif. Faites maintenant revenir l'oignon, les pommes de terre et le céleri pendant environ 5 minutes ou jusqu'à ce que l'oignon soit translucide et tendre.

Ajouter l'ail et poursuivre la cuisson pendant 1 minute ou jusqu'à ce qu'il soit aromatique.

Ajoutez ensuite le paprika, l'eau et la levure chimique végétalienne et portez à ébullition. Réduire immédiatement le feu à feu doux et laisser mijoter 15 minutes.

Incorporer les haricots noirs et les épinards; continuer à mijoter pendant environ 5 minutes jusqu'à ce que le tout soit bien chaud. Assaisonner avec du sel et du poivre noir au goût.

Verser dans des bols individuels et servir chaud. Je t'en prie!

Salade de quinoa d'hiver aux cornichons

(Prêt en 20 minutes environ + temps de refroidissement | Pour 4 personnes)

Par portion : Calories : 346 ; Matières grasses : 16,7 g ; Glucides : 42,6 g ; Protéines : 9,3 g

Matière première

1 tasse de quinoa

4 gousses d'ail, hachées

2 cornichons, hachés

10 onces de poivron rouge en conserve, haché

1/2 tasse d'olives vertes, dénoyautées et tranchées

2 tasses de chou frisé, râpé

2 tasses de laitue iceberg, coupée en morceaux

4 piments marinés, hachés

4 cuillères à soupe d'huile d'olive

1 cuillère à soupe de jus de citron

1 cuillère à café de zeste de citron

1/2 cuillère à café de marjolaine séchée

Sel de mer et poivre noir moulu, au goût

1/4 tasse de ciboulette fraîche, hachée grossièrement

Adresses

Mettez deux tasses d'eau et de quinoa dans une casserole et portez à ébullition. Porter à ébullition immédiatement.

Laisser mijoter environ 13 minutes jusqu'à ce que le quinoa ait absorbé toute l'eau; Aérer le quinoa à la fourchette et laisser complètement refroidir. Ensuite, transférez le quinoa dans un saladier.

Ajouter l'ail, les cornichons, les poivrons, les olives, le chou, le chou et le piment mariné dans le saladier et mélanger pour combiner.

Préparez la vinaigrette dans un petit bol en fouettant le reste des ingrédients. Assaisonnez la salade, mélangez bien et servez immédiatement. Je t'en prie!

Soupe aux champignons sauvages rôtis

(Préparé en 55 minutes environ | Pour 3 personnes)

Par portion : Calories : 313 ; Matières grasses : 23,5 g ; Glucides : 14,5 g ; Protéines : 14,5 g

Matière première

- 3 cuillères à soupe d'huile de sésame
- 1 livre de champignons sauvages mélangés, tranchés
- 1 ail, haché
- 3 gousses d'ail, hachées et divisées
- 2 brins de thym, hachés
- 2 brins de romarin, hachés
- 1/4 tasse de farine de graines de lin
- 1/4 tasse de vin blanc sec
- 3 tasses de bouillon de légumes
- 1/2 cuillère à café de flocons de piment rouge

Sel d'ail et poivre noir fraîchement moulu, pour l'assaisonnement

Adresses

Commencez par préchauffer votre four à 395 degrés F.

Disposez les champignons en une seule couche sur une plaque recouverte de papier sulfurisé. Arroser les champignons avec 1 cuillère à soupe d'huile de sésame.

Rôtir les champignons dans un four préchauffé pendant environ 25 minutes ou jusqu'à ce qu'ils soient tendres.

Faites chauffer les 2 cuillères à soupe d'huile de sésame restantes dans une casserole à feu moyen. Faites ensuite revenir l'oignon pendant environ 3 minutes ou jusqu'à ce qu'il soit tendre et translucide.

Ajoutez ensuite l'ail, le thym et le romarin et continuez à faire frire pendant environ 1 minute jusqu'à ce qu'ils soient aromatiques. Saupoudrez le tout de farine de graines de lin.

Ajouter le reste des ingrédients et continuer à mijoter encore 10 à 15 minutes ou jusqu'à ce que tout soit bien cuit.

Ajouter les champignons rôtis et continuer à mijoter pendant 12 minutes supplémentaires. Verser dans des bols à soupe et servir chaud. Apprécier!

Soupe aux haricots verts à la méditerranéenne

(Prêt en 25 minutes environ | Donne 5)

Par portion : Calories : 313 ; Matières grasses : 23,5 g ; Glucides : 14,5 g ; Protéines : 14,5 g

Matière première

2 cuillères à soupe d'huile d'olive

1 oignon haché

1 feuille de céleri, hachée

1 carotte tranchée

2 gousses d'ail hachées

1 courgette hachée

5 tasses de bouillon de légumes

1 ¼ livres de haricots verts, parés et coupés en petits morceaux

2 tomates moyennes, en purée

Sel de mer et poivre noir fraîchement moulu, au goût

1/2 cuillère à café de piment de Cayenne

1 cuillère à café d'origan

1/2 cuillère à café d'aneth séché

1/2 tasse d'olives Kalamata, pelées et tranchées

Adresses

Chauffer les olives dans une casserole à fond épais à feu moyen-vif. Faites maintenant revenir l'oignon, le céleri et la carotte pendant environ 4 minutes ou jusqu'à ce que les légumes soient tendres.

Ajouter l'ail et la courgette et poursuivre la cuisson pendant 1 minute ou jusqu'à ce qu'ils soient aromatiques.

Ajouter ensuite le bouillon de légumes, les haricots verts, les tomates, le sel, le poivre noir, le poivre de Cayenne, l'origan et l'aneth séché ; porter à ébullition. Réduisez immédiatement le feu à feu doux et laissez mijoter environ 15 minutes.

Versez dans des bols individuels et servez avec des olives tranchées. Je t'en prie!

Crème de carotte

(Prêt en 30 minutes environ | Pour 4 personnes)

Par portion : Calories : 333 ; Matières grasses : 23 g ; Glucides : 26 g ; Protéines : 8,5 g

Matière première

2 cuillères à soupe d'huile de sésame

1 oignon haché

1 ½ livre de carottes, parées et hachées

1 panais haché

2 gousses d'ail hachées

1/2 cc de curry en poudre

sel de mer et poivre de Cayenne, au goût

4 tasses de bouillon de légumes

1 tasse de lait de coco frais

Adresses

Chauffer l'huile de sésame dans une casserole à fond épais à feu moyen-vif. Faites maintenant revenir les oignons, les carottes et les panais pendant environ 5 minutes en remuant régulièrement.

Ajouter l'ail et poursuivre la cuisson pendant 1 minute ou jusqu'à ce qu'il soit parfumé.

Ajouter ensuite la poudre de curry, le sel, le poivre de Cayenne et le bouillon de légumes ; porter à ébullition rapide. Réduire immédiatement le feu à feu doux et laisser mijoter 18 à 20 minutes.

Réduire la soupe au mélangeur jusqu'à ce qu'elle soit crémeuse et lisse.

Remettre le mélange en purée dans la casserole. Ajouter le lait de coco et continuer à mijoter jusqu'à épaississement ou environ 5 minutes de plus.

Répartir dans quatre bols et servir chaud. Je t'en prie!

Salade de pizza italienne de Nonna

(Prêt en 15 minutes environ + temps de refroidissement | Pour 4 personnes)

Par portion : Calories : 595 ; Matières grasses : 17,2 g ; Glucides : 93 g ; Protéines : 16 g

Matière première

1 livre de macaronis

1 tasse de champignons marinés, tranchés

1 tasse de tomates raisins, coupées en deux

4 cuillères à soupe de ciboulette hachée

1 cuillère à café d'ail haché

1 poivron italien, tranché

1/4 tasse d'huile d'olive extra vierge

1/4 tasse de vinaigre balsamique

1 cuillère à café d'origan séché

1 cuillère à café de basilic séché

1/2 cuillère à café de romarin séché

sel de mer et poivre de Cayenne, au goût

1/2 tasse d'olives noires, tranchées

Adresses

Cuire les pâtes d'après les instructions sur l'emballage. Égouttez et rincez les pâtes. Laisser complètement refroidir puis transférer dans un saladier.

Ensuite, ajoutez le reste et mélangez jusqu'à ce que les macaronis soient bien enrobés.

Goûter et rectifier l'assaisonnement; placer la salade de pizza au réfrigérateur jusqu'au moment de l'utiliser. Je t'en prie!

Soupe crémeuse aux légumes dorés

(Prêt en 45 minutes environ | Pour 4 personnes)

Par portion : Calories : 550 ; Matières grasses : 27,2 g ; Glucides : 70,4 g ; Protéines : 13,2 g

Matière première

2 cuillères à soupe d'huile d'avocat

1 oignon jaune haché

2 pommes de terre Yukon Gold, pelées et coupées en dés

2 kilos de beurre de cacahuète, pelé, épépiné et coupé en cubes

1 panais, paré et tranché

1 cuillère à café de pâte gingembre-ail

1 cuillère à café de poudre de curcuma

1 cuillère à café de graines de fenouil

1/2 cuillère à café de piment en poudre

1/2 cuillère à café d'épices pour tarte à la citrouille

Sel casher et poivre noir moulu, au goût

3 tasses de bouillon de légumes

1 tasse de lait entier

2 cuillères à soupe de graines de citrouille

Adresses

Chauffer l'huile dans une casserole à fond épais à feu moyen-vif. Faites maintenant revenir les oignons, les pommes de terre, les pommes de terre et les panais pendant environ 10 minutes en remuant régulièrement pour assurer une cuisson homogène.

Ajouter la pâte de gingembre et d'ail et continuer à faire frire pendant 1 minute ou jusqu'à ce qu'elle soit aromatique.

Ajoutez ensuite la poudre de curcuma, les graines de fenouil, la poudre de chili, les épices pour tarte à la citrouille, le sel, le poivre noir et le bouillon de légumes. porter à ébullition. Réduire immédiatement le feu à feu doux et laisser mijoter environ 25 minutes.

Réduire la soupe au mélangeur jusqu'à ce qu'elle soit crémeuse et lisse.

Remettre le mélange en purée dans la casserole. Ajouter le lait de coco et continuer à mijoter jusqu'à épaississement ou environ 5 minutes de plus.

Verser dans des bols individuels et servir garni de graines de citrouille. Je t'en prie!

Rajma Dal indien traditionnel

(Prêt en 20 minutes environ | Pour 4 personnes)

Par portion : Calories : 269 ; Matières grasses : 15,2 g ; Glucides : 22,9 g ; Protéines : 7,2 g

Matière première

- 3 cuillères à soupe d'huile de sésame
- 1 cuillère à café de gingembre haché
- 1 cuillère à café de graines de cumin
- 1 cuillère à café de graines de coriandre
- 1 gros oignon haché
- 1 branche de céleri haché
- 1 cuillère à café d'ail haché
- 1 tasse de ketchup
- 1 cuillère à café de garam masala
- 1/2 cc de curry en poudre
- 1 petit bâton de cannelle
- 1 piment vert, épépiné et haché

2 tasses de haricots rouges en conserve, égouttés

2 tasses de bouillon de légumes

Sel casher et poivre noir moulu, au goût

Adresses

Chauffer l'huile de sésame dans une casserole à feu moyen-vif; faites maintenant frire le gingembre, les graines de cumin et les graines de coriandre jusqu'à ce qu'elles soient parfumées ou pendant environ 30 secondes environ.

Ajouter l'oignon et le céleri et poursuivre la cuisson encore 3 minutes jusqu'à ce qu'ils soient tendres.

Ajouter l'ail et continuer à faire revenir pendant 1 minute de plus.

Incorporer le reste des ingrédients dans la casserole et porter à ébullition. Poursuivre la cuisson de 10 à 12 minutes ou jusqu'à ce qu'ils soient bien cuits. Servir chaud et déguster !

salade de haricots rouges

(Prêt en environ 1 heure + temps de refroidissement | Pour 6 personnes)

Par portion : Calories : 443 ; Matières grasses : 19,2 g ; Glucides : 52,2 g ; Protéines : 18,1 g

Matière première

- 3/4 livre de haricots rouges, trempés pendant la nuit
- 2 poivrons hachés
- 1 carotte, coupée et râpée
- 3 onces de grains de maïs surgelés ou en conserve, égouttés
- 3 grosses cuillères à soupe de ciboulette hachée
- 2 gousses d'ail hachées
- 1 piment rouge, tranché
- 1/2 tasse d'huile d'olive extra vierge
- 2 cuillères à soupe de vinaigre de cidre de pomme

2 cuillères à soupe de jus de citron frais

Sel de mer et poivre noir moulu, au goût

2 cuillères à soupe de coriandre fraîche hachée

2 cuillères à soupe de persil frais haché

2 cuillères à soupe de basilic frais haché

Adresses

Couvrir les haricots couverts d'eau fraîche et porter à ébullition. Laisser bouillir environ 10 minutes. Baisser le feu à doux et poursuivre la cuisson de 50 à 55 minutes ou jusqu'à tendreté.

Laissez les haricots refroidir complètement puis transférez-les dans un saladier.

Ajouter le reste des ingrédients et remuer pour bien mélanger. Je t'en prie!

Ragoût de haricots et de légumes Anasazi

(Prêt en 1 heure environ | Pour 3 personnes)

Par portion : Calories : 444 ; Matières grasses : 15,8 g ; Glucides : 58,2 g ; Protéines : 20,2 g

Matière première

1 tasse de haricots Anasazi, trempés toute la nuit et égouttés

3 tasses de bouillon de légumes rôtis

1 feuille de laurier

1 brin de thym, haché

1 brin de romarin, haché

3 cuillères à soupe d'huile d'olive

1 gros oignon haché

2 branches de céleri hachées

2 carottes, hachées

2 poivrons, épépinés et hachés

1 piment vert, épépiné et haché

2 gousses d'ail hachées

Sel de mer et poivre noir moulu, au goût

1 cuillère à café de poivre de cayenne

1 cuillère à café de paprika

Adresses

Porter à ébullition les haricots Anasazi et le bouillon dans une casserole. Une fois à ébullition, réduire le feu pour laisser mijoter. Ajouter les feuilles de laurier, le thym et le romarin; laisser mijoter environ 50 minutes ou jusqu'à tendreté.

Pendant ce temps, dans une casserole à fond épais, chauffer l'huile d'olive à feu moyen-vif. Faites maintenant revenir l'oignon, le céleri, les carottes et le poivron pendant environ 4 minutes jusqu'à ce qu'ils soient tendres.

Ajouter l'ail et poursuivre la cuisson pendant 30 secondes supplémentaires ou jusqu'à ce qu'il soit aromatique.

Ajouter le mélange de sauté aux haricots cuits. Assaisonner avec du sel, du poivre noir, du poivre de Cayenne et du paprika.

Poursuivre la cuisson à feu doux, en remuant de temps en temps, pendant 10 minutes supplémentaires ou jusqu'à ce qu'ils soient bien cuits. Je t'en prie!

Shakshuka facile et bon

(Prêt en 50 minutes environ | Pour 4 personnes)

Par portion : Calories : 324 ; Matières grasses : 11,2 g ; Glucides : 42,2 g ; Protéines : 15,8 g

Matière première

2 cuillères à soupe d'huile d'olive

1 oignon haché

2 poivrons hachés

1 piment poblano, haché

2 gousses d'ail hachées

2 tomates, en purée

Sel de mer et poivre noir, au goût.

1 cuillère à café de basilic séché

1 cuillère à café de flocons de piment rouge

1 cuillère à café de paprika

2 feuilles de laurier

1 tasse de pois chiches, trempés toute la nuit, rincés et égouttés

3 tasses de bouillon de légumes

2 cuillères à soupe de coriandre fraîche, hachée

Adresses

Faire chauffer l'huile d'olive dans une casserole à feu moyen. Lorsqu'ils sont chauds, faites cuire l'oignon, le poivron et l'ail pendant environ 4 minutes, jusqu'à ce qu'ils soient tendres et parfumés.

Ajouter les tomates, la pâte de tomate, le sel de mer, le poivre noir, le basilic, le poivron rouge, le paprika et les feuilles de laurier.

Porter à ébullition et ajouter les pois chiches et le bouillon de légumes. Cuire pendant 45 minutes ou jusqu'à tendreté.

Goûter et rectifier l'assaisonnement. Verser la shakshuka dans des bols individuels et servir garni de coriandre fraîche. Je t'en prie!

piment à l'ancienne

(Prêt en 1h30 environ | Portion 4)

Par portion : Calories : 514 ; Matières grasses : 16,4 g ; Glucides : 72 g ; Protéines : 25,8 g

Matière première

3/4 livre de haricots rouges, trempés pendant la nuit

2 cuillères à soupe d'huile d'olive

1 oignon haché

2 poivrons hachés

1 piment rouge haché

2 côtes de céleri hachées

2 gousses d'ail hachées

2 feuilles de laurier

1 cuillère à café de cumin moulu

1 cuillère à café de thym haché

1 cuillère à café de grains de poivre noir

20 onces de tomates concassées

2 tasses de bouillon de légumes

1 cuillère à café de paprika fumé

sel de mer, au goût

2 cuillères à soupe de coriandre fraîche hachée

1 avocat, coupé, pelé et tranché

Adresses

Couvrir les haricots couverts d'eau fraîche et porter à ébullition. Laisser bouillir environ 10 minutes. Baisser le feu à doux et poursuivre la cuisson de 50 à 55 minutes ou jusqu'à tendreté.

Faire chauffer l'huile d'olive à feu moyen dans une casserole à fond épais. Lorsqu'il est chaud, faire revenir l'oignon, le poivron et le céleri.

Faire revenir l'ail, les feuilles de laurier, le cumin moulu, le thym et les grains de poivre noir pendant environ 1 minute.

Ajouter les tomates en dés, le bouillon de légumes, le paprika, le sel et les haricots cuits. Laisser mijoter à feu doux, en remuant de temps en temps, pendant 25 à 30 minutes ou jusqu'à ce qu'il soit bien cuit.

Servir garni de coriandre fraîche et d'avocat. Je t'en prie!

Salade de lentilles rouges facile

(Prêt en 20 minutes environ + temps de refroidissement | Pour 3 personnes)

Par portion : Calories : 295 ; Matières grasses : 18,8 g ; Glucides : 25,2 g ; Protéines : 8,5 g

Matière première

1/2 tasse de lentilles rouges, trempées toute la nuit et égouttées

1 ½ tasse d'eau

1 brin de romarin

1 feuille de laurier

1 tasse de tomates raisins, coupées en deux

1 concombre, tranché finement

1 poivron, tranché finement

1 gousse d'ail hachée

1 oignon, haché finement

2 cuillères à soupe de jus de citron vert frais

4 cuillères à soupe d'huile d'olive

Sel de mer et poivre noir moulu, au goût

Adresses

Ajouter les lentilles rouges, l'eau, le romarin et les feuilles de laurier dans une casserole et porter à ébullition à feu vif. Ensuite, réduisez le feu pour laisser mijoter et poursuivez la cuisson pendant 20 minutes ou jusqu'à ce qu'ils soient tendres.

Mettez les lentilles dans un saladier et laissez-les refroidir complètement.

Ajouter le reste des ingrédients et remuer pour bien mélanger. Servir à température ambiante ou froid.

Je t'en prie!

Salade de pois chiches à la méditerranéenne

(Prêt en 40 minutes environ + temps de refroidissement | Pour 4 personnes)

Par portion : Calories : 468 ; Matières grasses : 12,5 g ; Glucides : 73 g ; Protéines : 21,8 g

Matière première

2 tasses de pois chiches, trempés toute la nuit et égouttés

1 concombre persan, tranché

1 tasse de tomates cerises, coupées en deux

1 poivron rouge, épépiné et tranché

1 poivron vert, épépiné et tranché

1 cuillère à café de moutarde de charcuterie

1 cuillère à café de graines de coriandre

1 cuillère à café de piment jalapeño, haché

1 cuillère à soupe de jus de citron frais

1 cuillère à soupe de vinaigre balsamique

1/4 tasse d'huile d'olive extra vierge

Sel de mer et poivre noir moulu, au goût

2 cuillères à soupe de coriandre fraîche hachée

2 cuillères à soupe d'olives Kalamata, grossièrement nettoyées et coupées en tranches

Adresses

Placer les pois chiches dans la marmite; couvrir les pois chiches d'eau de 2 pouces. Laissez bouillir.

Éteignez immédiatement le feu et poursuivez la cuisson environ 40 minutes ou jusqu'à tendreté.

Transférer les pois chiches dans un saladier. Ajouter le reste des ingrédients et remuer pour bien mélanger. Je t'en prie!

Ragoût de haricots toscan traditionnel (Ribollita)

(Prêt en 25 minutes environ | Donne 5)

Par portion : Calories : 388 ; Matières grasses : 10,3 g ; Glucides : 57,3 g ; Protéines : 19,5 g

Matière première

3 cuillères à soupe d'huile d'olive

1 poireau moyen haché

1 feuille de céleri, hachée

1 courgette, coupée en dés

1 poivron italien, tranché

3 gousses d'ail, hachées

2 feuilles de laurier

Sel casher et poivre noir moulu, au goût

1 cuillère à café de poivre de cayenne

1 boîte (28 onces) de tomates, broyées

2 tasses de bouillon de légumes

2 boîtes (15 onces) de haricots Great Northern, égouttés

2 tasses de chou frisé Lacinato, coupé en morceaux

1 tasse de crostini

Adresses

Faire chauffer l'huile d'olive à feu moyen dans une casserole à fond épais. Lorsqu'ils sont chauds, faire revenir le poireau, le céleri, la courgette et le poivron environ 4 minutes.

Faire revenir l'ail et les feuilles de laurier environ 1 minute.

Ajouter les épices, les tomates, le bouillon et les haricots en conserve. Laisser mijoter, en remuant de temps en temps, pendant environ 15 minutes ou jusqu'à ce qu'ils soient bien cuits.

Ajouter le kale Lacinato et poursuivre la cuisson à feu doux en remuant de temps en temps pendant 4 minutes.

Servir garni de crostini. Je t'en prie!

Un mélange de légumes et de lentilles beluga

(Prêt en 25 minutes environ | Donne 5)

Par portion : Calories : 382 ; Matières grasses : 9,3 g ; Glucides : 59 g ; Protéines : 17,2 g

Matière première

3 cuillères à soupe d'huile d'olive

1 oignon haché

2 poivrons, épépinés et hachés

1 carotte, parée et hachée

1 panais, paré et haché

1 cuillère à café de gingembre haché

2 gousses d'ail hachées

Sel de mer et poivre noir moulu, au goût

1 grosse courgette, coupée en dés

1 tasse de ketchup

1 tasse de bouillon de légumes

1 ½ tasse de lentilles beluga, trempées toute la nuit et égouttées

2 tasses de pomme de terre

Adresses

Faire chauffer l'huile d'olive dans un faitout jusqu'à ce qu'elle frémisse. Faites maintenant revenir l'oignon, le poivron, la carotte et le panais jusqu'à ce qu'ils soient tendres.

Ajouter le gingembre et l'ail et poursuivre la cuisson pendant 30 secondes supplémentaires.

Ajoutez maintenant le sel, le poivre noir, les courgettes, la sauce tomate, le bouillon de légumes et les lentilles ; laisser mijoter environ 20 minutes jusqu'à ce que tout soit bien cuit.

Ajouter la pomme de terre; couvrir et laisser mijoter 5 minutes supplémentaires. Je t'en prie!

Bols à tacos mexicains aux pois chiches

(Prêt en 15 minutes environ | Pour 4 personnes)

Par portion : Calories : 409 ; Matières grasses : 13,5 g ; Glucides : 61,3 g ; Protéines : 13,8 g

Matière première

2 cuillères à soupe d'huile de sésame

1 oignon rouge haché

1 piment habanero, haché

2 gousses d'ail, hachées

2 poivrons, épépinés et coupés en dés

Sel de mer et poivre noir moulu

1/2 cuillère à café d'origan mexicain

1 cuillère à café de cumin moulu

2 tomates mûres, réduites en purée

1 cuillère à café de cassonade

16 onces de pois chiches en conserve, égouttés

4 tortillas de farine (8 pouces)

2 cuillères à soupe de coriandre fraîche, hachée

Adresses

Faire chauffer l'huile de sésame dans une grande poêle à feu moyen-vif. Ensuite, faites revenir l'oignon pendant 2 à 3 minutes ou jusqu'à ce qu'il soit tendre.

Ajouter le paprika et l'ail et poursuivre la cuisson pendant 1 minute ou jusqu'à ce qu'ils soient parfumés.

Ajouter les épices, les tomates et la cassonade et porter à ébullition. Réduire immédiatement le feu à ébullition, ajouter les pois chiches en conserve et cuire encore 8 minutes ou jusqu'à ce qu'ils soient bien cuits.

Faites griller vos tortillas et recouvrez-les du mélange de pois chiches préparé.

Garnir de coriandre fraîche et servir immédiatement. Je t'en prie!

Indien Dal Makhani

(Prêt en 20 minutes environ | Pour 6 personnes)

Par portion : Calories : 329 ; Matières grasses : 8,5 g ; Glucides : 44,1 g ; Protéines : 16,8 g

Matière première

3 cuillères à soupe d'huile de sésame

1 gros oignon haché

1 poivron, épépiné et haché

2 gousses d'ail hachées

1 cuillère à soupe de gingembre râpé

2 piments verts, épépinés et hachés

1 cuillère à café de graines de cumin

1 feuille de laurier

1 cuillère à café de poudre de curcuma

1/4 cc de poivron rouge

1/4 cuillère à café de poivre moulu

1/2 cuillère à café de garam masala

1 tasse de ketchup

4 tasses de bouillon de légumes

1 ½ tasse de lentilles noires, trempées toute la nuit et égouttées

4-5 feuilles de curry, pour la garniture h

Adresses

Chauffer l'huile de sésame dans une casserole à feu moyen-vif; faites maintenant revenir l'oignon et le poivron pendant encore 3 minutes jusqu'à ce qu'ils soient tendres.

Ajouter l'ail, le gingembre, les piments verts, les graines de cumin et la feuille de laurier; poursuivre la cuisson, en remuant souvent, pendant 1 minute ou jusqu'à ce qu'il soit parfumé.

Ajouter le reste des ingrédients sauf les feuilles de curry. Portez maintenant le feu à ébullition. Poursuivre la cuisson pendant 15 minutes supplémentaires ou jusqu'à ce qu'ils soient bien cuits.

Garnir de feuilles de curry et servir chaud !

Casserole de haricots à la mexicaine

(Prêt en environ 1 heure + temps de refroidissement | Pour 6 personnes)

Par portion : Calories : 465 ; Matières grasses : 17,9 g ; Glucides : 60,4 g ; Protéines : 20,2 g

Matière première

1 livre de haricots rouges, trempés pendant la nuit et égouttés

1 tasse de grains de maïs en conserve, égouttés

2 poivrons grillés, tranchés

1 piment, haché finement

1 tasse de tomates cerises, coupées en deux

1 oignon rouge haché

1/4 tasse de coriandre fraîche, hachée

1/4 tasse de persil frais haché

1 cuillère à café d'origan mexicain

1/4 tasse de vinaigre de vin rouge

2 cuillères à soupe de jus de citron frais

1/3 tasse d'huile d'olive extra vierge

Sel de mer et sel noir moulu, au goût

1 avocat, pelé, évidé et tranché

Adresses

Couvrir les haricots couverts d'eau fraîche et porter à ébullition. Laisser bouillir environ 10 minutes. Baisser le feu à doux et poursuivre la cuisson de 50 à 55 minutes ou jusqu'à tendreté.

Laissez les haricots refroidir complètement puis transférez-les dans un saladier.

Ajouter le reste des ingrédients et remuer pour bien mélanger. Servir à température ambiante.

Je t'en prie!

minestrone italien classique

(Prêt en 30 minutes environ | Pour 5 personnes)

Par portion : Calories : 305 ; Matières grasses : 8,6 g ; Glucides : 45,1 g ; Protéines : 14,2 g

Matière première

2 cuillères à soupe d'huile d'olive

1 gros oignon, coupé en dés

2 carottes tranchées

4 gousses d'ail, hachées

1 tasse de pâte à coude

5 tasses de bouillon de légumes

1 boîte (15 onces) de haricots blancs, égouttés

1 grosse courgette, coupée en dés

1 boîte (28 onces) de tomates, broyées

1 cuillère à soupe de feuilles d'origan frais, hachées

1 cuillère à soupe de feuilles de basilic frais, hachées

1 cuillère à soupe de persil italien frais, haché

Adresses

Faire chauffer l'huile d'olive dans un faitout jusqu'à ce qu'elle frémisse. Faites maintenant revenir les oignons et les carottes jusqu'à ce qu'ils ramollissent.

Ajouter l'ail, les pâtes crues et le bouillon; laisser mijoter environ 15 minutes.

Ajouter les haricots, les courgettes, les tomates et les herbes. Poursuivre la cuisson, à couvert, environ 10 minutes jusqu'à ce que tout soit bien cuit.

Garnir de quelques herbes supplémentaires, si désiré. Je t'en prie!

Ragoût de lentilles vertes aux légumes verts

(Prêt en 30 minutes environ | Pour 5 personnes)

Par portion : Calories : 415 ; Matières grasses : 6,6 g ; Glucides : 71 g ; Protéines : 18,4 g

Matière première

2 cuillères à soupe d'huile d'olive

1 oignon haché

2 patates douces, pelées et coupées en dés

1 poivron haché

2 carottes, hachées

1 panais haché

1 céleri haché

2 gousses d'ail

1 ½ tasse de lentilles vertes

1 cuillère à soupe de mélange d'herbes italiennes

1 tasse de ketchup

5 tasses de bouillon de légumes

1 tasse de maïs surgelé

1 tasse de légumes, coupés en morceaux

Adresses

Faire chauffer l'huile d'olive dans un faitout jusqu'à ce qu'elle frémisse. Faites maintenant frire les oignons, les patates douces, les poivrons, les carottes, les panais et le céleri jusqu'à ce qu'ils soient tendres.

Ajouter l'ail et continuer à faire frire pendant encore 30 secondes.

Ajoutez maintenant les lentilles vertes, le mélange d'herbes italiennes, le ketchup et le bouillon de légumes; laisser mijoter environ 20 minutes jusqu'à ce que tout soit bien cuit.

Ajouter le maïs et les légumes surgelés; couvrir et laisser mijoter 5 minutes supplémentaires. Je t'en prie!

Mélange de légumes aux pois chiches

(Prêt en 30 minutes environ | Pour 4 personnes)

Par portion : Calories : 369 ; Matières grasses : 18,1 g ; Glucides : 43,5 g ; Protéines : 13,2 g

Matière première

2 cuillères à soupe d'huile d'olive

1 oignon finement haché

1 poivron haché

1 bulbe de fenouil, haché

3 gousses d'ail hachées

2 tomates mûres, réduites en purée

2 cuillères à soupe de persil frais haché

2 cuillères à soupe de basilic frais, haché

2 cuillères à soupe de coriandre fraîche, hachée

2 tasses de bouillon de légumes

14 onces de pois chiches en conserve, égouttés

Sel casher et poivre noir moulu, au goût

1/2 cuillère à café de piment de Cayenne

1 cuillère à café de paprika

1 avocat, pelé et tranché

Adresses

Faire chauffer l'huile d'olive à feu moyen dans une casserole à fond épais. Lorsqu'il est chaud, faire revenir l'oignon, le poivron et le fenouil environ 4 minutes.

Faire sauter l'ail pendant environ 1 minute ou jusqu'à ce qu'il soit aromatique.

Ajouter les tomates, les herbes fraîches, le bouillon, les pois chiches, le sel, le poivre noir, le poivre de Cayenne et le paprika. Laisser mijoter, en remuant de temps en temps, pendant environ 20 minutes ou jusqu'à ce qu'il soit bien cuit.

Goûter et rectifier l'assaisonnement. Servir garni de tranches d'avocat frais. Je t'en prie!

sauce aux haricots épicée

(Prêt en 30 minutes environ | Pour 10 personnes)

Par portion : Calories : 175 ; Matières grasses : 4,7 g ; Glucides : 24,9 g ; Protéines : 8,8 g

Matière première

2 boîtes (15 onces) de haricots Great Northern, égouttés

2 cuillères à soupe d'huile d'olive

2 cuillères à soupe de sauce Sriracha

2 cuillères à soupe de levure nutritionnelle

4 onces de fromage à la crème végétalien

1/2 cuillère à café de paprika

1/2 cuillère à café de piment de Cayenne

1/2 cuillère à café de cumin moulu

Sel de mer et poivre noir moulu, au goût

4 onces de chips de tortilla

Adresses

Commencez par préchauffer votre four à 360 degrés F.

Mélanger tous les ingrédients sauf les croustilles tortillas dans un robot culinaire jusqu'à l'obtention de la consistance désirée.

Cuire votre sauce au four préchauffé pendant environ 25 minutes ou jusqu'à ce qu'elle soit chaude.

Servir avec des croustilles tortillas et régalez-vous!

Salade de soja chinoise

(Prêt en 10 minutes environ | Pour 4 personnes)

Par portion : Calories : 265 ; Matières grasses : 13,7 g ; Glucides : 21 g ; Protéines : 18 g

Matière première

1 boîte (15 onces) de graines de soja, égouttées

1 tasse de roquette

1 tasse de pousses d'épinards

1 tasse de chou frisé, râpé

1 oignon, haché finement

1/2 cuillère à café d'ail haché

1 cuillère à café de gingembre haché

1/2 cuillère à café de moutarde de charcuterie

2 cuillères à soupe de sauce soja

1 cuillère à soupe de vinaigre de riz

1 cuillère à soupe de jus de citron vert

2 cuillères à soupe de tahini

1 cuillère à café de sirop d'agave

Adresses

Placer les fèves de soya, la roquette, les épinards, le chou et l'oignon dans un saladier; remuer pour combiner.

Dans un petit bol à mélanger, fouetter ensemble le reste des ingrédients de la vinaigrette.

Dressez la salade et servez immédiatement. Je t'en prie!

Lentilles à l'ancienne et bouillon de légumes

(Prêt en 25 minutes environ | Donne 5)

Par portion : Calories : 475 ; Matières grasses : 17,3 g ; Glucides : 61,4 g ; Protéines : 23,7 g

Matière première

3 cuillères à soupe d'huile d'olive

1 gros oignon haché

1 carotte tranchée

1 poivron, coupé en dés

1 piment habanero, haché

3 gousses d'ail hachées

Sel casher et poivre noir, au goût

1 cuillère à café de cumin moulu

1 cuillère à café de paprika fumé

1 boîte (28 onces) de tomates, broyées

2 cuillères à soupe de sauce tomate

4 tasses de bouillon de légumes

3/4 livre de lentilles rouges séchées, trempées pendant la nuit et égouttées

1 tranche d'avocat

Adresses

Faire chauffer l'huile d'olive à feu moyen dans une casserole à fond épais. Lorsqu'ils sont chauds, faire revenir l'oignon, la carotte et le poivron environ 4 minutes.

Faire revenir l'ail environ 1 minute environ.

Ajouter les épices, les tomates, le ketchup, le bouillon et les lentilles en conserve. Laisser mijoter, en remuant de temps en temps, pendant environ 20 minutes ou jusqu'à ce qu'il soit bien cuit.

Servir garni de tranches d'avocat. Je t'en prie!

Chana masala indienne

(Prêt en 15 minutes environ | Pour 4 personnes)

Par portion : Calories : 305 ; Matières grasses : 17,1 g ; Glucides : 30,1 g ; Protéines : 9,4 g

Matière première

1 tasse de tomates en purée

1 piment du Cachemire, haché

1 grosse échalote, hachée

1 cuillère à café de gingembre frais, pelé et râpé

4 cuillères à soupe d'huile d'olive

2 gousses d'ail hachées

1 cuillère à café de graines de coriandre

1 cuillère à café de garam masala

1/2 cuillère à café de poudre de curcuma

Sel de mer et poivre noir moulu, au goût

1/2 tasse de bouillon de légumes

16 onces de pois chiches en conserve

1 cuillère à soupe de jus de citron frais

Adresses

Réduire en purée les tomates, le piment du Cachemire, les échalotes et le gingembre dans un mélangeur ou un robot culinaire.

Faire chauffer l'huile d'olive dans une casserole à feu moyen. Lorsqu'ils sont chauds, cuire les pâtes préparées et l'ail pendant environ 2 minutes.

Ajouter le reste des épices, le bouillon et les pois chiches. Mettez le feu à feu doux. Continuer à mijoter pendant encore 8 minutes ou jusqu'à ce qu'elles soient bien cuites.

Retirer du feu. Arroser de jus de citron frais sur chaque portion. Je t'en prie!

pâté de haricots rouges

(Prêt en 10 minutes environ | Pour 8 personnes)

Par portion : Calories : 135 ; Matières grasses : 12,1 g ; Glucides : 4,4 g ; Protéines : 1,6 g

Matière première

2 cuillères à soupe d'huile d'olive

1 oignon haché

1 poivron haché

2 gousses d'ail hachées

2 tasses de haricots rouges, cuits et égouttés

1/4 tasse d'huile d'olive

1 cuillère à café de moutarde moulue sur pierre

2 cuillères à soupe de persil frais haché

2 cuillères à soupe de basilic frais haché

Sel de mer et poivre noir moulu, au goût

Adresses

Faire chauffer l'huile d'olive dans une casserole à feu moyen-vif. Faites maintenant revenir l'oignon, le poivron et l'ail jusqu'à ce qu'ils soient tendres ou environ 3 minutes.

Ajouter le mélange de sauté à votre mélangeur; ajouter le reste des ingrédients. Réduire les ingrédients en purée dans un mélangeur ou un robot culinaire jusqu'à consistance lisse et crémeuse.

Je t'en prie!

un bol de lentilles brunes

(Prêt en 20 minutes environ + temps de refroidissement | Pour 4 personnes)

Par portion : Calories : 452 ; Matières grasses : 16,6 g ; Glucides : 61,7 g ; Protéines : 16,4 g

Matière première

1 tasse de lentilles brunes, trempées toute la nuit et égouttées

3 tasses d'eau

2 tasses de riz brun cuit

1 courgette, coupée en dés

1 oignon rouge haché

1 cuillère à café d'ail haché

1 tranche de concombre

1 poivron, tranché

4 cuillères à soupe d'huile d'olive

1 cuillère à soupe de vinaigre de riz

2 cuillères à soupe de jus de citron

2 cuillères à soupe de sauce soja

1/2 cuillère à café d'origan séché

1/2 cuillère à café de cumin moulu

Sel de mer et poivre noir moulu, au goût

2 tasses de roquette

2 tasses de laitue romaine, coupée en morceaux

Adresses

Ajouter les lentilles brunes et l'eau dans une casserole et porter à ébullition à feu vif. Ensuite, réduisez le feu pour laisser mijoter et poursuivez la cuisson pendant 20 minutes ou jusqu'à ce qu'ils soient tendres.

Mettez les lentilles dans un saladier et laissez-les refroidir complètement.

Ajouter le reste des ingrédients et remuer pour bien mélanger. Servir à température ambiante ou froid. Je t'en prie!

Soupe aux haricots Anasazi piquante et épicée

(Prêt en environ 1 heure et 10 minutes | Portion 5)

Par portion : Calories : 352 ; Matières grasses : 8,5 g ; Glucides : 50,1 g ; Protéines : 19,7 g

Matière première

2 tasses de haricots Anasazi, trempés toute la nuit, égouttés et rincés

8 tasses d'eau

2 feuilles de laurier

3 cuillères à soupe d'huile d'olive

2 oignons moyens, hachés

2 poivrons hachés

1 piment habanero, haché

3 gousses d'ail, pressées ou hachées

Sel de mer et poivre noir moulu, au goût

Adresses

Dans une marmite, porter à ébullition les haricots Anasazi et l'eau. Une fois à ébullition, réduire le feu pour laisser mijoter. Ajouter les feuilles de laurier et cuire environ 1 heure ou jusqu'à ce qu'elles soient tendres.

Pendant ce temps, dans une casserole à fond épais, chauffer l'huile d'olive à feu moyen-vif. Faites maintenant revenir l'oignon, le poivron et l'ail pendant environ 4 minutes jusqu'à ce qu'ils soient tendres.

Ajouter le mélange de sauté aux haricots cuits. Assaisonner avec du sel et du poivre noir.

Poursuivre la cuisson à feu doux, en remuant de temps en temps, pendant 10 minutes supplémentaires ou jusqu'à ce qu'ils soient bien cuits. Je t'en prie!

Salade aux yeux noirs (Ñebbe)

(Prêt en 1 heure environ | Pour 5 personnes)

Par portion : Calories : 471 ; Matières grasses : 17,5 g ; Glucides : 61,5 g ; Protéines : 20,6 g

Matière première

2 tasses de pois aux yeux noirs séchés, trempés pendant la nuit et égouttés

2 cuillères à soupe de feuilles de basilic hachées

2 cuillères à soupe de feuilles de persil hachées

1 échalote hachée

1 tranche de concombre

2 poivrons, épépinés et coupés en dés

1 piment Scotch Bonnet, épépiné et finement haché

1 tasse de tomates cerises, coupées en quartiers

Sel de mer et poivre noir moulu, au goût

2 cuillères à soupe de jus de citron vert frais

1 cuillère à soupe de vinaigre de cidre de pomme

1/4 tasse d'huile d'olive extra vierge

1 avocat, pelé, évidé et tranché

Adresses

Couvrir les doliques aux yeux noirs avec de l'eau de 2 pouces et porter à ébullition douce. Laisser bouillir environ 15 minutes.

Ensuite, mettez-le à feu doux pendant environ 45 minutes. Laissez refroidir complètement.

Placer les doliques aux yeux noirs dans un saladier. Ajouter le basilic, le persil, les échalotes, le concombre, le poivron, les tomates cerises, le sel et le poivre noir.

Fouetter le jus de citron, le vinaigre et l'huile d'olive dans un bol.

Assaisonner la salade, garnir d'avocat frais et servir immédiatement. Je t'en prie!

La renommée de Chili Mom

(Prêt en 1h30 environ | Portion 5)

Par portion : Calories : 455 ; Matières grasses : 10,5 g ; Glucides : 68,6 g ; Protéines : 24,7 g

Matière première

1 livre de haricots noirs rouges, trempés pendant la nuit et égouttés

3 cuillères à soupe d'huile d'olive

1 gros oignon rouge, coupé en dés

2 poivrons, coupés en dés

1 piment poblano, haché

1 grosse carotte, parée et coupée en dés

2 gousses d'ail hachées

2 feuilles de laurier

1 cuillère à café de grains de poivre mélangés

Sel casher et poivre de Cayenne, au goût

1 cuillère à soupe de paprika

2 tomates mûres, réduites en purée

2 cuillères à soupe de sauce tomate

3 tasses de bouillon de légumes

Adresses

Couvrir les haricots couverts d'eau fraîche et porter à ébullition. Laisser bouillir environ 10 minutes. Baisser le feu à doux et poursuivre la cuisson de 50 à 55 minutes ou jusqu'à tendreté.

Faire chauffer l'huile d'olive à feu moyen dans une casserole à fond épais. Lorsqu'il est chaud, faire revenir l'oignon, le poivron et la carotte.

Faire frire l'ail pendant environ 30 secondes ou jusqu'à ce qu'il soit aromatique.

Ajouter le reste des ingrédients aux haricots cuits. Laisser mijoter à feu doux, en remuant de temps en temps, pendant 25 à 30 minutes ou jusqu'à ce qu'il soit bien cuit.

Jetez les feuilles de laurier, mettez-les dans des bols individuels et servez chaud.

Salade de haricots au poulet aux pignons de pin

(Prêt en 10 minutes environ | Pour 4 personnes)

Par portion : Calories : 386 ; Matières grasses : 22,5 g ; Glucides : 37,2 g ; Protéines : 12,9 g

Matière première

16 onces de pois chiches en conserve, égouttés

1 cuillère à café d'ail haché

1 échalote hachée

1 tasse de tomates cerises, coupées en deux

1 poivron, épépiné et tranché

1/4 tasse de basilic frais haché

1/4 tasse de persil frais haché

1/2 tasse de mayonnaise végétalienne

1 cuillère à soupe de jus de citron

1 cuillère à café de câpres, égouttées

Sel de mer et poivre noir moulu, au goût

2 onces de pignons de pin

Adresses

Placer les pois chiches, les légumes et les herbes dans un saladier.

Ajouter la mayonnaise, le jus de citron, les câpres, le sel et le poivre noir. Remuer pour combiner.

Garnir de pignons de pin et servir aussitôt. Je t'en prie!

Buddha bol de haricots noirs

(Prêt en 1 heure environ | Pour 4 personnes)

Par portion : Calories : 365 ; Matières grasses : 14,1 g ; Glucides : 45,6 g ; Protéines : 15,5 g

Matière première

1/2 livre de haricots noirs, trempés pendant la nuit et égouttés

2 tasses de riz brun cuit

1 oignon moyen, tranché finement

1 tasse de paprika, épépiné et tranché

1 piment jalapeno, épépiné et tranché

2 gousses d'ail hachées

1 tasse de roquette

1 tasse de pousses d'épinards

1 cuillère à café de zeste de citron vert

1 cuillère à soupe de moutarde de Dijon

1/4 tasse de vinaigre de vin rouge

1/4 tasse d'huile d'olive extra vierge

2 cuillères à soupe de sirop d'agave

Flocons de sel de mer et poivre noir moulu, au goût

1/4 tasse de persil italien frais, haché

Adresses

Couvrir les haricots couverts d'eau fraîche et porter à ébullition. Laisser bouillir environ 10 minutes. Baisser le feu à doux et poursuivre la cuisson de 50 à 55 minutes ou jusqu'à tendreté.

Pour servir, répartir les haricots et le riz dans des bols; garnir de légumes.

Mélanger le zeste de citron vert, la moutarde, le vinaigre, l'huile d'olive, le sirop d'agave, le sel et le poivre dans un petit bol jusqu'à ce que le tout soit bien mélangé. Verser la vinaigrette sur la salade.

Garnir de persil italien frais. Je t'en prie!

Bona au poulet du Moyen-Orient

(Prêt en 20 minutes environ | Pour 4 personnes)

Par portion : Calories : 305 ; Matières grasses : 11,2 g ; Glucides : 38,6 g ; Protéines : 12,7 g

Matière première

1 oignon haché

1 piment haché

2 gousses d'ail hachées

1 cuillère à café de graines de moutarde

1 cuillère à café de graines de coriandre

1 feuille de laurier

1/2 tasse de pâte de tomate

2 cuillères à soupe d'huile d'olive

1 feuille de céleri, hachée

2 carottes moyennes, parées et hachées

2 tasses de bouillon de légumes

1 cuillère à café de cumin moulu

1 petit bâton de cannelle

16 onces de pois chiches en conserve, égouttés

2 tasses de blettes, coupées en morceaux

Adresses

Mélanger l'oignon, le piment, l'ail, les graines de moutarde, les graines de coriandre, la feuille de laurier et la pâte de tomate dans un mélangeur ou un robot culinaire jusqu'à consistance lisse.

Faire chauffer l'huile d'olive dans une casserole jusqu'à ce qu'elle ramollisse. Cuire maintenant le céleri et les carottes pendant environ 3 minutes ou jusqu'à ce qu'ils ramollissent. Ajouter les pâtes et poursuivre la cuisson encore 2 minutes.

Ajouter ensuite le bouillon de légumes, le cumin, la cannelle et les pois chiches ; mettez-le à feu doux.

Baisser le feu à doux et laisser cuire 6 minutes; Incorporer la bette à carde et poursuivre la cuisson pendant encore 4 à 5 minutes ou jusqu'à ce que les feuilles soient fanées. Servir chaud et déguster !

Trempette aux lentilles et tomates

(Prêt en 10 minutes environ | Pour 8 personnes)

Par portion : Calories : 144 ; Matières grasses : 4,5 g ; Glucides : 20,2 g ; Protéines : 8,1 g

Matière première

16 onces de lentilles, cuites et égouttées

4 cuillères à soupe de tomates séchées au soleil, hachées

1 tasse de pâte de tomate

4 cuillères à soupe de tahini

1 cuillère à café de moutarde moulue sur pierre

1 cuillère à café de cumin moulu

1/4 cuillère à café de feuille de laurier moulue

1 cuillère à café de flocons de piment rouge

Sel de mer et poivre noir moulu, au goût

Adresses

Mélanger tous les ingrédients dans un mélangeur ou un robot culinaire jusqu'à l'obtention de la consistance désirée.

Placer dans votre réfrigérateur jusqu'au moment de servir.

Servir avec des tranches de pita grillées ou des bâtonnets de légumes. Apprécier!

Salade crémeuse aux petits pois

(Préparé en 10 minutes environ + temps de refroidissement | Pour 6 personnes)

Par portion : Calories : 154 ; Matières grasses : 6,7 g ; Glucides : 17,3 g ; Protéines : 6,9 g

Matière première

2 boîtes (14,5 onces) de haricots verts, égouttés

1/2 tasse de mayonnaise végétalienne

1 cuillère à café de moutarde de Dijon

2 cuillères à soupe de ciboulette hachée

2 cornichons, hachés

1/2 tasse de champignons marinés, hachés et égouttés

1/2 cuillère à café d'ail haché

Sel de mer et poivre noir moulu, au goût

Adresses

Mettre tous les ingrédients dans un saladier. Remuer doucement pour combiner.

Placez la salade dans votre réfrigérateur jusqu'au moment de servir.

Je t'en prie!

Houmous Za'atar du Moyen-Orient

(Prêt en 10 minutes environ | Pour 8 personnes)

Par portion : Calories : 140 ; Matières grasses : 8,5 g ; Glucides : 12,4 g ; Protéines : 4,6 g

Matière première

10 onces de pois chiches, cuits et égouttés

1/4 tasse de tahini

2 cuillères à soupe d'huile d'olive extra vierge

2 cuillères à soupe de tomates séchées au soleil, hachées

1 citron fraîchement pressé

2 gousses d'ail hachées

Sel casher et poivre noir moulu, au goût

1/2 cuillère à café de paprika fumé

1 cuillère à café de za'atar

Adresses

Mélanger tous les ingrédients dans un robot culinaire jusqu'à consistance crémeuse et lisse.

Placer dans votre réfrigérateur jusqu'au moment de servir.

Je t'en prie!

Salade de lentilles aux pignons de pin

(Prêt en 20 minutes environ + temps de refroidissement | Pour 3 personnes)

Par portion : Calories : 332 ; Matières grasses : 19,7 g ; Glucides : 28,2 g ; Protéines : 12,2 g

Matière première

1/2 tasse de lentilles brunes

1 ½ tasse de bouillon de légumes

1 carotte, coupée en dés

1 petit oignon haché

1 tranche de concombre

2 gousses d'ail hachées

3 cuillères à soupe d'huile d'olive extra vierge

1 cuillère à soupe de vinaigre de vin rouge

2 cuillères à soupe de jus de citron

2 cuillères à soupe de basilic haché

2 cuillères à soupe de persil haché

2 cuillères à soupe de ciboulette hachée

Sel de mer et poivre noir moulu, au goût

2 cuillères à soupe de pignons de pin, hachés

Adresses

Ajouter les lentilles brunes et le bouillon de légumes dans une casserole et porter à ébullition à feu vif. Ensuite, réduisez le feu pour laisser mijoter et poursuivez la cuisson pendant 20 minutes ou jusqu'à ce qu'ils soient tendres.

Mettre les lentilles dans un saladier.

Ajouter les légumes et remuer pour bien mélanger. Fouetter l'huile, le vinaigre, le jus de citron, le basilic, le persil, la ciboulette, le sel et le poivre noir dans un bol.

Assaisonner la salade, garnir de pignons de pin et servir à température ambiante. Je t'en prie!

Salade de haricots anasazis chauds

(Prêt en 1 heure environ | Pour 5 personnes)

Par portion : Calories : 482 ; Matières grasses : 23,1 g ; Glucides : 54,2 g ; Protéines : 17,2 g

Matière première

2 tasses de haricots Anasazi, trempés toute la nuit, égouttés et rincés

6 tasses d'eau

1 piment poblano, haché

1 oignon haché

1 tasse de tomates cerises, coupées en deux

2 tasses de salade mixte, hachée

Bandage:

1 cuillère à café d'ail haché

1/2 tasse d'huile d'olive extra vierge

1 cuillère à soupe de jus de citron

2 cuillères à soupe de vinaigre de vin rouge

1 cuillère à soupe de moutarde moulue sur pierre

1 cuillère à soupe de sauce soja

1/2 cuillère à café d'origan séché

1/2 cuillère à café de basilic séché

Sel de mer et poivre noir moulu, au goût

Adresses

Dans une casserole, porter à ébullition les haricots Anasazi et l'eau. Lorsqu'il bout, réduire le feu à feu doux et laisser mijoter environ 1 heure ou jusqu'à ce qu'il soit tendre.

Égouttez les haricots cuits et placez-les dans un saladier; ajouter l'autre salade.

Ensuite, dans un petit bol, fouetter ensemble toute la vinaigrette jusqu'à ce qu'elle soit bien mélangée. Assaisonner la salade et mélanger. Servir à température ambiante et déguster !

Ragoût traditionnel de Mnazaleh

(Prêt en 25 minutes environ | Pour 4 personnes)

Par portion : Calories : 439 ; Matières grasses : 24 g ; Glucides : 44,9 g ; Protéines : 13,5 g

Matière première

4 cuillères à soupe d'huile d'olive

1 oignon haché

1 grosse aubergine, pelée et coupée en dés

1 tasse de carottes hachées

2 gousses d'ail hachées

2 grosses tomates, en purée

1 cuillère à café d'épices baharat

2 tasses de bouillon de légumes

14 onces de pois chiches en conserve, égouttés

Sel casher et poivre noir moulu, au goût

1 avocat moyen, coupé, pelé et coupé en dés

Adresses

Faire chauffer l'huile d'olive à feu moyen dans une casserole à fond épais. Lorsqu'ils sont chauds, faites revenir l'oignon, l'aubergine et les carottes pendant environ 4 minutes.

Faire sauter l'ail pendant environ 1 minute ou jusqu'à ce qu'il soit aromatique.

Ajouter les tomates, l'assaisonnement Baharat, le bouillon et les pois chiches en conserve. Laisser mijoter, en remuant de temps en temps, pendant environ 20 minutes ou jusqu'à ce qu'il soit bien cuit.

Assaisonnez avec du sel et du poivre. Servir garni de tranches d'avocat frais. Je t'en prie!

Crème de poivron aux lentilles rouges

(Prêt en 25 minutes environ | Pour 9 personnes)

Par portion : Calories : 193 ; Matières grasses : 8,5 g ; Glucides : 22,3 g ; Protéines : 8,5 g

Matière première

1 ½ tasse de lentilles rouges, trempées toute la nuit et égouttées

4 ½ tasses d'eau

1 brin de romarin

2 feuilles de laurier

2 poivrons grillés, épépinés et coupés en dés

1 échalote hachée

2 gousses d'ail hachées

1/4 tasse d'huile d'olive

2 cuillères à soupe de tahini

Sel de mer et poivre noir moulu, au goût

Adresses

Ajouter les lentilles rouges, l'eau, le romarin et les feuilles de laurier dans une casserole et porter à ébullition à feu vif. Ensuite, réduisez le feu pour laisser mijoter et poursuivez la cuisson pendant 20 minutes ou jusqu'à ce qu'ils soient tendres.

Placer les lentilles dans un robot culinaire.

Ajouter le reste des ingrédients et mélanger jusqu'à ce qu'ils soient bien mélangés.

Je t'en prie!

Haricots mange-tout épicés frits au wok

(Prêt en 10 minutes environ | Pour 4 personnes)

Par portion : Calories : 196 ; Matières grasses : 8,7 g ; Glucides : 23 g ; Protéines : 7,3 g

Matière première

2 cuillères à soupe d'huile de sésame

1 oignon haché

1 carotte, parée et hachée

1 cuillère à café de pâte gingembre-ail

1 livre de pois mange-tout

Poivre de Sichuan, au goût

1 cuillère à café de sauce sriracha

2 cuillères à soupe de sauce soja

1 cuillère à soupe de vinaigre de riz

Adresses

Faites chauffer l'huile de sésame dans un wok jusqu'à ce qu'elle frémisse. Faites maintenant revenir l'oignon et la carotte pendant 2 minutes ou jusqu'à ce qu'ils soient croustillants.

Ajouter la pâte gingembre-ail et poursuivre la cuisson 30 secondes supplémentaires.

Ajouter les haricots et cuire à feu vif pendant environ 3 minutes jusqu'à ce qu'ils soient légèrement carbonisés.

Ajoutez ensuite le poivre, la Sriracha, la sauce soja et le vinaigre de riz et faites revenir 1 minute de plus. Servez aussitôt et dégustez !

chili rapide tous les jours

(Prêt en 35 minutes environ | Donne 5)

Par portion : Calories : 345 ; Matières grasses : 8,7 g ; Glucides : 54,5 g ; Protéines : 15,2 g

Matière première

2 cuillères à soupe d'huile d'olive

1 gros oignon haché

1 céleri avec feuilles, paré et coupé en dés

1 carotte, pelée et coupée en dés

1 patate douce, pelée et coupée en dés

3 gousses d'ail hachées

1 piment jalapeño, haché

1 cuillère à café de poivre de cayenne

1 cuillère à café de graines de coriandre

1 cuillère à café de graines de fenouil

1 cuillère à café de paprika

2 tasses de tomates cuites, écrasées

2 cuillères à soupe de sauce tomate

2 cuillères à café de fécule de maïs végétalienne

1 tasse d'eau

1 tasse de crème d'oignon

2 livres de haricots pinto en conserve, égouttés

1 tranche de citron vert

Adresses

Faire chauffer l'huile d'olive à feu moyen dans une casserole à fond épais. Lorsqu'ils sont chauds, faire revenir l'oignon, le céleri, la carotte et la patate douce pendant environ 4 minutes.

Faire revenir l'ail et le piment jalapeño pendant environ 1 minute environ.

Ajouter les épices, les tomates, le ketchup, le bouillon végétalien, l'eau, la crème d'oignon et les haricots en conserve. Laisser mijoter à feu doux, en remuant de temps en temps, pendant environ 30 minutes ou jusqu'à ce qu'il soit bien cuit.

Servir garni de quartiers de lime. Je t'en prie!

Salade de crème de pois aux yeux noirs

(Prêt en 1 heure environ | Pour 5 personnes)

Par portion : Calories : 325 ; Matières grasses : 8,6 g ; Glucides : 48,2 g ; Protéines : 17,2 g

Matière première

- 1 ½ tasse de pois aux yeux noirs, trempés toute la nuit et égouttés
- 4 tiges de ciboulette, tranchées
- 1 carotte hachée
- 1 tasse de chou frisé, râpé
- 2 poivrons, épépinés et hachés
- 2 tomates moyennes, coupées en dés
- 1 cuillère à soupe de tomates séchées au soleil, hachées
- 1 cuillère à café d'ail haché
- 1/2 tasse de mayonnaise végétalienne
- 1 cuillère à soupe de jus de citron vert

1/4 tasse de vinaigre de vin blanc

Sel de mer et poivre noir moulu, au goût

Adresses

Couvrir les doliques aux yeux noirs avec de l'eau de 2 pouces et porter à ébullition douce. Laisser bouillir environ 15 minutes.

Ensuite, mettez-le à feu doux pendant environ 45 minutes. Laissez refroidir complètement.

Placer les doliques aux yeux noirs dans un saladier. Ajouter le reste des ingrédients et remuer pour bien mélanger. Je t'en prie!

Avocat farci aux pois chiches

(Prêt en 10 minutes environ | Pour 4 personnes)

Par portion : Calories : 205 ; Matières grasses : 15,2 g ; Glucides : 16,8 g ; Protéines : 4,1 g

Matière première

2 avocats, tranchés et coupés en deux

1/2 citron fraîchement pressé

4 cuillères à soupe de ciboulette hachée

1 gousse d'ail hachée

1 tomate moyenne hachée

1 poivron, épépiné et haché

1 poivron rouge, épépiné et haché

2 onces de pois chiches, cuits ou bouillis, égouttés

Sel casher et poivre noir moulu, au goût

Adresses

Disposez votre avocat sur une assiette de service. Arroser de jus de citron sur chaque avocat.

Dans un bol, incorporer délicatement le reste des ingrédients de la garniture jusqu'à ce qu'ils soient bien mélangés.

Remplir les avocats avec le mélange préparé et servir immédiatement. Je t'en prie!

Soupe de haricots noirs

(Prêt en environ 1 heure et 50 minutes | Portion 4)

Par portion : Calories : 505 ; Matières grasses : 11,6 g ; Glucides : 80,3 g ; Protéines : 23,2 g

Matière première

2 tasses de haricots noirs, trempés toute la nuit et égouttés

1 brin de thym

2 cuillères à soupe d'huile de noix de coco

2 oignons hachés

1 branche de céleri hachée

1 carotte, pelée et hachée

1 poivron italien, épépiné et haché

1 poivron, épépiné et haché

4 gousses d'ail, pressées ou hachées

Sel de mer et poivre noir fraîchement moulu, au goût

1/2 cuillère à café de cumin moulu

1/4 cuillère à café de feuille de laurier moulue

1/4 cuillère à café de poivre moulu

1/2 cuillère à café de basilic séché

4 tasses de bouillon de légumes

1/4 tasse de coriandre fraîche, hachée

2 onces de chips de tortilla

Adresses

Porter les haricots et 6 tasses d'eau à ébullition dans une marmite à soupe. Une fois à ébullition, réduire le feu pour laisser mijoter. Ajouter les brins de thym et cuire environ 1 h 30 ou jusqu'à ce qu'ils soient tendres.

Entre-temps, dans une casserole à fond épais, chauffer l'huile à feu moyen-vif. Faites maintenant revenir l'oignon, le céleri, la carotte et le poivron pendant environ 4 minutes jusqu'à ce qu'ils soient tendres.

Faites ensuite frire l'ail pendant environ 1 minute ou jusqu'à ce qu'il soit parfumé.

Ajouter le mélange de sauté aux haricots cuits. Ajoutez ensuite le sel, le poivre noir, le cumin, le laurier moulu, le poivre moulu, le basilic séché et le bouillon de légumes.

Poursuivre la cuisson à feu doux, en remuant de temps en temps, pendant 15 minutes supplémentaires ou jusqu'à ce qu'ils soient bien cuits.

Garnir de coriandre fraîche et de croustilles de tortilla. Je t'en prie!

Salade de lentilles beluga aux herbes

(Prêt en 20 minutes environ + temps de refroidissement | Pour 4 personnes)

Par portion : Calories : 364 ; Matières grasses : 17 g ; Glucides : 40,2 g ; Protéines : 13,3 g

Matière première

1 tasse de lentilles rouges

3 tasses d'eau

1 tasse de tomates raisins, coupées en deux

1 poivron vert, épépiné et coupé en dés

1 poivron rouge, épépiné et coupé en dés

1 poivron rouge, épépiné et coupé en dés

1 tranche de concombre

4 cuillères à soupe d'échalotes hachées

2 cuillères à soupe de persil frais haché

2 cuillères à soupe de coriandre fraîche, hachée

2 cuillères à soupe de ciboulette fraîche, hachée

2 cuillères à soupe de basilic frais, haché

1/4 tasse d'huile d'olive

1/2 cuillère à café de graines de cumin

1/2 cuillère à café de gingembre haché

1/2 cuillère à café d'ail haché

1 cuillère à café de sirop d'agave

2 cuillères à soupe de jus de citron frais

1 cuillère à café de zeste de citron

Sel de mer et poivre noir moulu, au goût

2 onces d'olives noires, dénoyautées et coupées en deux

Adresses

Ajouter les lentilles brunes et l'eau dans une casserole et porter à ébullition à feu vif. Ensuite, réduisez le feu pour laisser mijoter et poursuivez la cuisson pendant 20 minutes ou jusqu'à ce qu'ils soient tendres.

Mettre les lentilles dans un saladier.

Ajouter les légumes et les herbes et remuer pour bien mélanger. Fouetter l'huile, les graines de cumin, le gingembre, l'ail, le sirop d'agave, le jus de citron, le zeste de citron, le sel et le poivre noir dans un bol.

Dresser la salade, garnir d'olives et servir à température ambiante. Je t'en prie!

Salade de haricots à l'italienne

(Prêt en environ 1 heure + réfrigération | Pour 4 personnes)

Par portion : Calories : 495 ; Matières grasses : 21,1 g ; Glucides : 58,4 g ; Protéines : 22,1 g

Matière première

3/4 livre de haricots cannellini, trempés pendant la nuit et égouttés

2 tasses de bouquets de chou-fleur

1 oignon rouge, haché finement

1 cuillère à café d'ail haché

1/2 cuillère à café de gingembre haché

1 piment jalapeño, haché

1 tasse de tomates raisins, coupées en quartiers

1/3 tasse d'huile d'olive extra vierge

1 cuillère à soupe de jus de citron vert

1 cuillère à café de moutarde de Dijon

1/4 tasse de vinaigre blanc

2 gousses d'ail, pressées

1 cuillère à café de mélange d'herbes italiennes

Sel casher et poivre noir moulu, pour l'assaisonnement

2 onces d'olives vertes, dénoyautées et tranchées

Adresses

Couvrir les haricots couverts d'eau fraîche et porter à ébullition. Laisser bouillir environ 10 minutes. Baisser le feu à doux et poursuivre la cuisson pendant 60 minutes ou jusqu'à tendreté.

Entre-temps, faire bouillir les bouquets de chou-fleur pendant environ 6 minutes ou jusqu'à ce qu'ils soient tendres.

Laisser refroidir complètement les haricots et le chou-fleur; puis transférez-les dans un saladier.

Ajouter le reste des ingrédients et remuer pour bien mélanger. Goûter et rectifier l'assaisonnement.

Je t'en prie!

Tomates farcies aux haricots blancs

(Prêt en 10 minutes environ | Pour 3 personnes)

Par portion : Calories : 245 ; Matières grasses : 14,9 g ; Glucides : 24,4 g ; Protéines : 5,1 g

Matière première

3 tomates moyennes, trancher finement le dessus et retirer la pulpe

1 carotte râpée

1 oignon rouge haché

1 gousse d'ail pelée

1/2 cuillère à café de basilic séché

1/2 cuillère à café d'origan séché

1 cuillère à café de romarin séché

3 cuillères à soupe d'huile d'olive

3 onces de haricots blancs en conserve, égouttés

3 onces de grains de maïs, décongelés

1/2 tasse de croustilles tortillas, écrasées

Adresses

Disposer les tomates sur une assiette de service.

Dans un bol, mélanger le reste des ingrédients de la garniture jusqu'à ce qu'ils soient bien mélangés.

Farcir l'avocat et servir immédiatement. Je t'en prie!

Soupe aux pois d'hiver aux yeux noirs

(Prêt en environ 1 heure et 5 minutes | Portion 5)

Par portion : Calories : 147 ; Matières grasses : 6 g ; Glucides : 13,5 g ; Protéines : 7,5 g

Matière première

2 cuillères à soupe d'huile d'olive

1 oignon haché

1 carotte tranchée

1 panais haché

1 tasse de bulbes de fenouil, hachés

2 gousses d'ail hachées

2 tasses de pois aux yeux noirs séchés, trempés toute la nuit

5 tasses de bouillon de légumes

Sel casher et poivre noir fraîchement moulu, pour l'assaisonnement

Adresses

Faire chauffer l'huile d'olive dans une casserole à feu moyen-vif. Lorsqu'ils sont chauds, faire revenir l'oignon, la carotte, le panais et le fenouil pendant 3 minutes ou jusqu'à ce qu'ils soient tendres.

Ajouter l'ail et continuer à faire frire pendant 30 secondes ou jusqu'à ce qu'il soit aromatique.

Ajouter les haricots, le bouillon de légumes, le sel et le poivre noir. Continuez à cuire, partiellement, pendant 1 heure de plus ou jusqu'à ce qu'ils soient bien cuits.

Je t'en prie!

boulettes de haricots rouges

(Prêt en 15 minutes environ | Pour 4 personnes)

Par portion : Calories : 318 ; Matières grasses : 15,1 g ; Glucides : 36,5 g ; Protéines : 10,9 g

Matière première

- 12 onces de haricots rouges en conserve ou cuits, égouttés
- 1/3 tasse d'avoine à l'ancienne
- 1/4 tasse de farine tout usage
- 1 cuillère à café de levure chimique
- 1 petite échalote, hachée
- 2 gousses d'ail hachées
- Sel de mer et poivre noir moulu, au goût
- 1 cuillère à café de paprika
- 1/2 cuillère à café de piment en poudre
- 1/2 cuillère à café de feuille de laurier moulue

1/2 cuillère à café de cumin moulu

1 œuf de chia

4 cuillères à soupe d'huile d'olive

Adresses

Mettez les haricots dans un bol et écrasez-les à la fourchette.

Bien mélanger les haricots, l'avoine, la farine, la poudre à pâte, les échalotes, l'ail, le sel, le poivre noir, le paprika, la poudre de chili, la feuille de laurier moulue, le cumin et l'œuf de chia.

Former quatre gâteaux avec le mélange.

Chauffez ensuite l'huile d'olive dans une poêle à une température suffisamment élevée. Faites frire les gâteaux pendant environ 8 minutes en les retournant une ou deux fois.

Servir avec vos vinaigrettes préférées. Je t'en prie!

Burgers de pois maison

(Prêt en 15 minutes environ | Pour 4 personnes)

Par portion : Calories : 467 ; Matières grasses : 19,1 g ; Glucides : 58,5 g ; Protéines : 15,8 g

Matière première

1 livre de haricots, congelés et décongelés

1/2 tasse de farine de pois chiche

1/2 tasse de farine ordinaire

1/2 tasse de chapelure

1 cuillère à café de levure chimique

2 œufs de lin

1 cuillère à café de paprika

1/2 cuillère à café de basilic séché

1/2 cuillère à café d'origan séché

Sel de mer et poivre noir moulu, au goût

4 cuillères à soupe d'huile d'olive

4 pains à hamburger

Adresses

Bien mélanger les pois, la farine, la chapelure, la levure chimique, les œufs, le paprika, le basilic, l'origan, le sel et le poivre noir dans un bol.

Former quatre gâteaux avec le mélange.

Chauffez ensuite l'huile d'olive dans une poêle à une température suffisamment élevée. Faites frire les gâteaux pendant environ 8 minutes en les retournant une ou deux fois.

Servir sur des pains à hamburger et régalez-vous !

Ragoût de haricots noirs et épinards

(Prêt en 1h35 environ | Portion 4)

Par portion : Calories : 459 ; Matières grasses : 9,1 g ; Glucides : 72 g ; Protéines : 25,4 g

Matière première

2 tasses de haricots noirs, trempés toute la nuit et égouttés

2 cuillères à soupe d'huile d'olive

1 oignon, pelé et coupé en deux

1 piment jalapeño, tranché

2 poivrons, épépinés et tranchés

1 tasse de champignons, tranchés

2 gousses d'ail hachées

2 tasses de bouillon de légumes

1 cuillère à café de paprika

Sel casher et poivre noir moulu, au goût

1 feuille de laurier

2 tasses d'épinards, coupés en morceaux

Adresses

Couvrir les haricots couverts d'eau fraîche et porter à ébullition. Laisser bouillir environ 10 minutes. Baisser le feu à doux et poursuivre la cuisson de 50 à 55 minutes ou jusqu'à tendreté.

Faire chauffer l'huile d'olive à feu moyen dans une casserole à fond épais. Lorsqu'il est chaud, faire revenir l'oignon et le poivron environ 3 minutes.

Faire frire l'ail et les champignons pendant environ 3 minutes ou jusqu'à ce que les champignons libèrent leur liquide et que l'ail soit parfumé.

Ajouter le bouillon de légumes, le paprika, le sel, le poivre noir, le laurier et les haricots cuits. Laisser mijoter à feu doux, en remuant régulièrement, pendant environ 25 minutes ou jusqu'à ce qu'il soit bien cuit.

Ajoutez ensuite les épinards et laissez mijoter, à couvert, environ 5 minutes. Je t'en prie!

Le meilleur granola au chocolat de tous les temps

(Prêt en 1 heure environ | Pour 10 personnes)

Par portion : Calories : 428 ; Matières grasses : 23,4 g ; Glucides : 46,4 g ; Protéines : 11,3 g

matière première

- 1/2 tasse d'huile de noix de coco
- 1/2 tasse de sirop d'agave
- 1 cuillère à café de pâte de vanille
- 3 tasses de flocons d'avoine
- 1/2 tasse de noisettes, hachées
- 1/2 tasse de graines de citrouille
- 1/2 cuillère à café de cardamome moulue
- 1 cuillère à café de cannelle moulue
- 1/4 cuillère à café de clous de girofle moulus
- 1 cuillère à café de sel de l'Himalaya
- 1/2 tasse de chocolat noir, coupé en morceaux

Instructions

Commencez par préchauffer votre four à 260 degrés F ; Ligne deux plaques à pâtisserie de papier sulfurisé.

Mélangez ensuite l'huile de noix de coco, le sirop d'agave et la vanille dans un bol à mélanger.

Ajouter graduellement l'avoine, les noisettes, les graines de citrouille et les épices; remuer pour bien enrober. Étendre le mélange sur les plaques à pâtisserie préparées.

Cuire au centre du four, en remuant à mi-cuisson, pendant environ 1 heure ou jusqu'à ce qu'ils soient dorés.

Incorporer le chocolat noir et laisser refroidir complètement le granola avant de le ranger. conserver dans une caisse hermétiquement fermée.

Je t'en prie!

Biscuits barbecue à la citrouille d'automne

(Prêt en 30 minutes environ | Pour 4 personnes)

Par portion : Calories : 198 ; Matières grasses : 9,4 g ; Glucides : 24,5 g ; Protéines : 5,2 g

matière première

1/2 tasse de flocons d'avoine

1/2 tasse de farine blanche de blé entier

1 cuillère à café de levure chimique

1/4 cuillère à café de sel de l'Himalaya

1 cuillère à café de sucre

1/2 cuillère à café de poivre moulu

1/2 cuillère à café de cannelle moulue

1/2 cuillère à café de gingembre confit

1 cuillère à café de jus de citron, fraîchement pressé

1/2 tasse de lait d'amande

1/2 tasse de purée de citrouille

2 cuillères à soupe d'huile de noix de coco

Instructions

Bien mélanger la farine, la poudre à pâte, le sel, le sucre et les épices dans un bol. Ajouter progressivement le jus de citron, le lait et la purée de potiron.

Faites chauffer une poêle électrique dans une poêle de taille moyenne et graissez-la légèrement avec de l'huile de noix de coco.

Cuire le gâteau environ 3 minutes jusqu'à ce que des bulles se forment; Retournez-le et faites cuire de l'autre côté pendant 3 minutes de plus jusqu'à ce qu'il soit doré en dessous.

Recommencer avec le reste d'huile et de pâte. Servir avec du sucre à la cannelle si désiré. Je t'en prie!

www.ingramcontent.com/pod-product-compliance
Lightning Source LLC
Chambersburg PA
CBHW070417120526
44590CB00014B/1433